关于《聪明的投资者也会犯的错误》
一书更多的好评和赞誉

长久以来不断被证实的一个事实就是，多数投资者的整体收益总是低于市场或者其持有的投资产品。部分原因要归咎于投资的成本——这部分成本一部分是投资者"输给"华尔街的，一部分则是因为投资者的投资行为，尤其是共同基金的投资者，他们的投资行为总是让最终的结果适得其反。他们往往是自己的最大敌人，一个愚蠢的错误接着一个愚蠢的错误。拉里·斯韦德鲁的新书精彩地列举了投资者最常犯的77个最糟糕的错误（我几乎同意作者所有的忠告，事实上我甚至还得将其中数条建议加入自己的清单上，以提醒我自己！）。将此书作为你做投资决策时的检查表，无疑将提高你在金融市场上的收益率，而这本来就是你应该获得的。

——约翰·博格，先锋集团创办者

到目前为止，拉里的书大多数都是讲投资者如何搬起石头砸自己的脚的。没错，他以排山倒海的证据证明了这一点。这一次，他和巴拉邦一起更进一步地揭示了投资者们一系列错误决策的起源。正文中几乎完整地描写了投资者为何以及如何去避免被动投资，而这样做的代价是以数万亿美元来计。作为一名资金管理者，我当然是希望他们将这样的错误继续下去，而我想做的则是希望斯韦德鲁和巴拉邦立即停止此书的出版。

——克利夫·阿斯尼斯博士，AQR资本管理公司创始人及管理者

斯韦德鲁和巴拉邦一起以独到的见解和能力阐明了在投资决策时，"精明"的投资者是如何做出愚蠢和错误的决定的。对这些投资者而言，不幸的是作者总共列出了多达77个常犯的投资错误，可想而知他们成功的机会是多么微乎其微了。在这本书里，作者给出了简单有效的方法来告诉读者如何避免这些最常见的错误。

——约翰·哈斯勒姆，马里兰大学金融学荣誉教授，
《共同基金：投资组合结构、分析、管理和经营》一书的责任编辑

这一次，拉里在他的第 11 本书中，与合著者巴拉邦一起指出和讨论了 77 个投资者常犯的错误，并提供给了读者如何避免这些错误的方法。知识就是力量，这本书正是充满了这些有用的信息。享受阅读并从中收获去吧！

——梅尔·林道尔，福布斯专栏作家，《Bogleheads 投资指南》
和《Bogleheads 退休金计划指南》合著者

斯韦德鲁和巴拉邦指出了投资者常犯的 77 个错误。他们用简单明了的语言让读者明白了每一个错误，以及为什么这样的投资决策是错误的。在我看来，这本书值得并应该出现在每一位投资者的书架上。

——泰勒·拉里莫尔，《Bogleheads 投资指南》合著者

许多人并不了解自己在投资中不知道些什么，而这些不知道恰恰使得他们成自己在投资上最大的敌人。本书的作者通过一系列简短的文字告诉了所有投资者——精明的以及不那么精明的——如何避免 77 个他们最常犯的错误。在当前全球金融市场处于危机和动荡的情况下，这些内容更显得极其重要。所有的投资者，没错，即使那些以为自己知道一切的投资者，都将从这本有趣又及时的书中获益良多。

——斯科特·西蒙法学博士（JD），金融理财师（CFP），
实用投融资分析师（AIFA），著有《谨慎投资人条例：阅读指南》，
晨星公司信托聚焦专栏作家

斯韦德鲁和巴拉邦通过一系列简单的故事给了投资者非常明智的建议。作为一名投资学的讲席教授，我的投资哲学是基于 40 年来我自己以及其他人的学术和专业研究，我个人的投资哲学正好与两位作者的建议不谋而合。我鼓励购买并阅读本书，遵循书中的建议，这会让你成为更棒的投资者。

——威廉·赖肯斯坦博士，注册金融分析师（CFA），
贝勒大学汉卡莫商学院投资管理学教授

令人信服的逻辑，实践得出的智慧，经典的引用，合理的策略将帮助你在有效前沿上找到匹配你的风险和期望回报的最佳位置。

——埃德·陶尔，杜克大学经济学教授

在我们的投资决策过程中，往往因为一些拙劣的构想和操作而自讨苦吃。而这本书对于新手和有丰富经验的投资者都是有宝贵的参考价值，不仅如此，它还十分易读和有趣。

——艾德华·沃尔夫博士，西肯塔基大学金融学教授

提高投资收益最"万无一失"的做法就是避免犯错——回避掉那些为数众多的影响你投资价值的行为。斯韦德鲁和巴拉邦带领读者完成了一次行为金融学之旅，内容涵盖了财务规划、实践中的投资学和一系列真实的故事，帮助读者更有自信地找到积累财富的途径。

——约翰·蒙哥马利，桥路资本管理公司创始人及首席投资官

不大会有投资者会犯下书中列出的全部77个错误，但我们每一个人都至少能找出几条自己也会做错的地方。通常仅有的一些无知或者不理智的决定就足以给我们的养老金账户带来实实在在的损失。作者介绍了77种投资者常犯的错误，正是因为这些错误以及缺乏简单且可持续的投资计划，多数人的投资都是以失望而收场。

——韦斯顿·惠灵顿，空间基金顾问公司副总裁

聪明的投资者也会犯的错误

[美]拉里·斯韦德鲁 巴拉邦 著
康 爽 刘柳君 王仕英 译

地震出版社
Seismological Press

图书在版编目（CIP）数据

聪明的投资者也会犯的错误/（美）斯韦德鲁，（美）巴拉邦著；康爽，
刘柳君，王仕英译．—北京：地震出版社，2013.10
ISBN 978-7-5028-4318-2

Ⅰ.①聪… Ⅱ.①斯… ②巴… ③康… ④刘… ⑤王… Ⅲ.①私人
投资—基本知识 Ⅳ.①F830.59

中国版本图书馆 CIP 数据核字（2013）第 143599 号

Larry E. Swedroe, RC Balaban
Investment Mistakes Even Smart Investors Make and How to Avoid Them
ISBN 978-0-07-178682-9
Copyright © 2012 by The McGraw-Hill Companies, Inc.
All Rights Reserved. No part of this publication may be reproduced or transmitted in any form or by any means, electronic or mechanical, including without limitation photocopying, recording, taping, or any database, information or retrieval system, without the prior written permission of the publisher.
This authorized Chinese translation edition is jointly published by McGraw-Hill Education (Asia) and Seismological Press. This edition is authorized for sale in the People's Republic of China only, excluding Hong Kong, Macau SAR and Taiwan.
Copyright © 2013 by McGraw-Hill Education (Singapore) PTE. LTD. and Seismological Press.
版权所有。
未经出版人事先书面许可，对本出版物的任何部分不得以任何方式或途径复制或传播，包括但不限于复印、录制、录音，或通过任何数据库、信息或可检索的系统。
本授权中文简体字翻译版由麦格劳-希尔（亚洲）教育出版公司和地震出版社合作出版。此版本经授权仅限在中华人民共和国境内（不包括香港特别行政区、澳门特别行政区和台湾）销售。
版权©2013 由麦格劳-希尔（亚洲）教育出版公司与地震出版社所有。
本书封面贴有 McGraw-Hill Education 公司防伪标签，无标签者不得销售。

北京市版权局著作权合同登记号：01—2013—5075
地震版 XM3070

聪明的投资者也会犯的错误

[美]拉里·斯韦德鲁 [美]巴拉邦 著
康 爽 刘柳君 王仕英 译
责任编辑：朱 叶
责任校对：孔景宽

出版发行：**地震出版社**
　　　　　北京民族学院南路 9 号　　　　邮编：100081
　　　　　发行部：68423031　68467993　传真：88421706
　　　　　总编室：68462709　68423029
　　　　　证券图书事业部：68426052　68470332　传真：68455221
　　　　　http://www.dzpress.com.cn
　　　　　E-mail: zqbj68426052@163.com
经销：全国各地新华书店
印刷：廊坊市华北石油华星印务有限公司

版（印）次：2013 年 10 月第一版　2013 年 10 月第一次印刷
开本：787×1092　1/16
字数：279 千字
印张：16
印数：0001～7000
书号：ISBN 978-7-5028-4318-2/F (5007)
定价：45.00 元

（图书出现印装问题，本社负责调换）

序　言

在投资过程中，仅仅了解市场是如何运作的，如何合理地配置资产，以及如何选择合适的投资工具还不足以带来良好的投资回报。我们还必须了解人类本身的某些倾向和行为是如何影响我们的投资决策的。行为金融学这一研究领域有助于我们理解这种关系，从而帮助我们成为更好的投资者，更好的在金融市场上去执行我们的投资计划。

拉里·斯韦德鲁和巴拉邦提供了77个由我们的行为直接或间接导致的投资错误。例如，他们教导我们要提防过分自信，以及被误导而做出的企图跑赢市场的尝试。多数的过分自信都是来自于一些错误的设想。当我看到电视节目里在积极鼓吹和兜售的某只股票，而差点儿想要通过购买这只股票来跑赢市场的时候，我会问自己："我的交易对手是哪个笨蛋啊？如果人人都知道我要买的这只股票会上涨，那么哪个傻瓜在卖出呢？"在每笔交易中都有一个傻瓜，而这些傻瓜通常都是那些个人投资者，他们承担犯傻的代价就是变得更加经济拮据。

我们的交易行为使得我们倾向于将其设想为是对着墙壁在练习网球，而事实却是在网的那一边我们真真切切的有一位对手，或许是知道内部消息的人士，或者对冲基金经理，也许是光速般的电脑系统，它的击球速度快得让我们根本来不及在球场上做出反应。这些都不是寻常的对手，而是结合了最高技能的顶级网球手。

好吧，你可能会说，如果对冲基金经理跑赢市场，为什么不聘请他们来管理我们的钱呢？如果对冲基金经理们恰好是我们的某个慷慨的叔叔，愿意免费替我们管理资金，这当然是个好主意。但可悲的现实是，我们必须承担管理费用，当对冲基金经理们拿走2%的管理费用和20%的利润以后，可能也就没有给我们再剩下些什么了。斯韦德鲁和巴拉邦教导我们，在交易之前仔细考虑交易费用。而当基金经理承诺将跑赢市场的时候，仔细考虑这样的收益率在扣除掉管理成本以后会是多少。

关于市场有效性的争论在你读完此书后的很长时间里还会持续。有效市

聪明的投资者也会犯的错误

场最强势的定义是将市场描述为完全理性的，所有证券的价格都正好等于其内在价值。而稍微适度一些的定义则是将有效市场描述为不可战胜的，在强势有效市场上是不会有泡沫形成的。但是在非强势有效市场上则有可能产生泡沫。有非常多的证据表明市场并非完全理性，房地产市场有时候会有泡沫，使得房价偏离了其内在价值；股票市场也经常有泡沫。但是，事实却是尽管市场不是理性的，但这并不意味着投资者能轻易地跑赢市场，就如同说市场很疯狂，并不意味着经济学家们就是精神病医生一样。科技网络股泡沫时的市场很疯狂，但是那些试图做空的投资者也赔了钱，除非他的流动性足够支撑到泡沫破灭。而泡沫什么时候形成、什么时候破灭这样的问题，事后来看都是比事先预测要容易得多。有些投资者的确预见到了2008年的次贷危机，他们中大多数都是从事住房抵押贷款业务或者银行业中的相关人士。那么，他们是不是都将自己的股票在2007年的10月份卖出了，然后在2009年的3月份再买回来了呢？事后的回望就像开了一扇遗憾的门。我们责备自己为什么愚蠢到没有在2007年10月份卖出我们的股票，又或者为什么没有在2009年3月份的时候把它们再买回来。

传授教训总是比吸取教训要容易得多。毕竟我们都学过并且都知道地球是圆的，哪怕生活在上面的我们肉眼看起来地球是平的一样。事实上我们每天都在和我们的各种认知上的偏差和误导性的情绪做斗争。我强烈推荐将这本书用作在投资方面对抗这些偏差和情绪的工具书，我希望读者阅读此书后会衷心地感谢斯韦德鲁和巴拉邦，是他们无私地教导了我们这77个有益的教训，以及如何避免再犯这些错误。同时我也希望大家能尽早从中获益，而不是等到数年后才学到这些如此有用的投资法则。

迈尔·斯塔特曼
获奖著作《投资者须知》一书的作者

前　言

> 如果想知道谁是你未来财务上最大的威胁，回到家里照照镜子你就会知道答案。
>
> ——乔纳森·克莱门茨
> 《华尔街日报》，1998年4月27日

金融和投资学对于每一个人的重要性都非常明显，但悲剧的是我们的教育系统几乎集体性的遗忘了这一领域。这是事实，除非你是商学院的在校大学生，或者是金融学MBA（工商管理学硕士）。18世纪的英国诗人托马斯·格雷（1716～1771）写道："有时无知胜有知，该糊涂时就糊涂。"但在投资中，糊涂就不是福了，而是要付出代价的。问问伯纳德·麦道夫事件中的投资者就知道了，这一事件中投资者的损失高达500亿美元，如果不了解资本市场的运作方式，投资者是没有办法做出谨慎的投资决策的。

投资者们在这一事件中的损失当然是一大悲剧，然而更大的悲剧或许是，有如此多的投资者，他们认为自己了解市场是如何运作的，但现实却恰恰相反。就如同幽默作家乔西·比灵斯曾经写道的那样："人们犯傻并不是因为他们不知道的事物，而往往是当他们以为自己知道些什么，但事实却并非如此的时候。"这样的结果就是投资者在没有基本知识的情况下做出投资决策，而他们并不知道这样的决定意味着什么。就好比他们要去一处从未去过的地方，但却没有地图和方向指南一样。

因为没有接受过正规的金融学教育，大多数投资者都是基于"传统智慧"来做决定的，而这些"传统智慧"都是根深蒂固的植于他们的脑中，甚少有人去质疑过。但不幸的是，多数的这些关于投资的"传统智慧"都是错误的。这样的结果就是投资者犯下很多的错误，也时常导致灾难性的后果。

作者作为白金汉财务服务公司委托人和主管的15年时间里，见证了许许多多投资者所犯下的代价沉重的错误，这些错误有各式各样的原因，其中一些仅仅是因为投资者就是常人，而常人往往就会犯下常人老犯的错误。比如

说，投资者很容易对自己的投资技巧感到过分自信，而过分自信又会导致更多的错误，包括承担过量的风险。

还有一些投资者犯错是因为他们忽视了一些事实。我们可以忽略掉很多很多的事情，但仍然能够将我们的生活过得非常美满，比方说核物理。但是忽略掉投资上的事情，生活美满就不是那么容易达到的了。

我们希望透过这本书里的知识和内容，帮助读者避免犯这些投资者易犯的错误，并学习到更好的制胜策略，从而实现财务或生活上的远大目标。这本书志在让读者成为更加知情和有见识的投资者，让读者明白，你的心理因素让你变得更加脆弱，你的行为习惯错误让你偏离投资准则时，明白了这些，你的投资业绩就会提高；明白了心理作用具有强大的支配力，你就能学会去控制这些心理因素。最起码这些知识也能增加你成功投资的几率。而如果你取得了好的投资业绩，那么花在这本书上的时间和金钱则将成为你最成功的一笔投资了。

人们教训他人常常喜欢的一句话是："如果你觉得教育太昂贵了，那么就试试无知吧（它会让你付出更加高昂的代价）。"我们期望这本书能激发你去了解更多更深的问题，以更大的求知欲去扩展你的知识。如果你发现这本书趣味与教学性并重的话，拉里还有一套投资学四重奏《投资圣经》系列：第一本，《你唯一需要的制胜投资策略指南》专注于股票投资，将是一个非常不错的起点；第二本与乔·亨朋合著关于债权的《你唯一需要的制胜债券投资策略指南》；第三本是与贾里德·凯泽合著的关于其他类投资的《你唯一需要的其他类投资策略指南》；而第四本则是与凯文·格罗根和季亚·利姆合著的《你唯一需要的正确的财务规划指南》。

拉里其他的著作还包括：《华尔街不想让你知道的事情》《当今成功投资人》《非理性市场的理性投资》《简简单单巧投资》和《追求阿尔法》。

当你在阅读此书的时候，请记住：即使聪明的人也会犯错，这是人类的特性。然而聪明的人一旦明白某个行为是错误的，他就绝对不会再重复或者坚持错下去，因为这才是真正的愚蠢。爱因斯坦就说过这样的话："真正的疯狂和愚顽是一遍一遍做着同样的事情，却期待着不同的结果。"

目　　录

序言 ··· (1)

前言 ··· (1)

**第一部分　理解和控制人类的行为对于投资成功来说
　　　　　　非常重要** ··· (1)

　　错误 1　你是否对自己的技能过于自信？ ································· (3)

　　错误 2　你是否预计现在的趋势会无限期的复制到未来？ ····················· (7)

　　错误 3　你是否在事后认为事件的可预测性比事前更高了？ ··················· (10)

　　错误 4　你是否从小样本中得到推论并相信你的直觉？ ······················· (12)

　　错误 5　你是否让你的自我意识主导了投资决策的过程？ ····················· (14)

　　错误 6　你是否允许你自己受从众心理所影响？ ··························· (17)

　　错误 7　你是否混淆了技能和运气？ ····································· (20)

　　错误 8　你是否因为感觉到控制权的丧失而放弃被动型投资？ ················· (22)

　　错误 9　你是否不愿意承认投资错误？ ··································· (24)

　　错误 10　你是否关注"专家"？ ·· (26)

　　错误 11　你是否被已经支付的成本影响你继续持有一种证券
　　　　　　的决定？ ··· (29)

　　错误 12　你是否受限于"常胜不败"的谬论？ ····························· (31)

　　错误 13　你是否把熟悉混淆为安全？ ···································· (33)

　　错误 14　你相信你是在玩赌场的钱吗？ ·································· (36)

　　错误 15　你是否让你的友谊影响你选择投资顾问？ ························· (38)

第二部分　无知不是福 ·· (41)

　　错误 16　你是否能看见闪亮的苹果里的毒药？ ····························· (43)

· 1 ·

错误 17	你是否把信息误以为是知识？	(46)
错误 18	你是否相信财富蕴于星级评定当中？	(50)
错误 19	你是否依赖误导性的信息？	(52)
错误 20	选择共同基金时你是否只考虑交易费用？	(54)
错误 21	你是否没有考虑到一种投资策略的成本？	(57)
错误 22	你是否把大公司与高回报投资混淆了？	(60)
错误 23	你是否明白支付的价格如何影响回报？	(64)
错误 24	你是否认为在投资中人多力量大？	(66)
错误 25	你是否认为积极型投资经理人会保护你不受熊市影响？	(68)
错误 26	你是否没有把你的基金与合适的基准进行对比？	(70)
错误 27	你是否专注于税前收益？	(73)
错误 28	当你在做购买决定时，是否依靠基金的描述性名称？	(76)
错误 29	你是否认为在无效率市场中积极管理才是胜利者的游戏？	(78)
错误 30	你是否能明白市场有效性的残酷性？	(81)
错误 31	你是否认为对冲基金经理人会有更好的表现？	(85)
错误 32	你是否陷入了货币幻觉？	(88)
错误 33	你是否认为人口特征是决定因素？	(93)
错误 34	你在挑选财务咨询公司时是否遵循了审慎原则？	(96)

第三部分 在制定投资策略时所犯的错误 ········· (99)

错误 35	你是否明白主动管理的算术？	(101)
错误 36	是否明白熊市是"必要之恶"？	(104)
错误 37	是否将很有可能当作必然，将不太可能当作绝不？	(107)
错误 38	是否承担了不必要的风险？	(110)
错误 39	是否混淆于"事先的策略"和"事后的结果"？	(112)
错误 40	你是否认为只有当投资期限较短的时候股票才具有风险？	(115)
错误 41	是否在成功机会很渺茫的时候仍然期望成功呢？	(117)
错误 42	是否明白尽早储蓄的重要性？	(121)
错误 43	是否没能评估一项冒险行为的真实成本？	(122)

错误 44　是否认为只有当投资期限足够长的时候分散化的策略才是正确的? …… (124)

错误 45　你是否认为"这次不一样了"? …… (127)

错误 46　是否没能对你的投资组合做好税收管理? …… (131)

错误 47　是否让税收主宰了你的决定? …… (135)

错误 48　是否将投机和投资混淆了? …… (137)

错误 49　你是否尝试在市场上选择时机交易? …… (139)

错误 50　你是否依赖市场专家的预测? …… (142)

错误 51　你是否为了提高收益率而使用杠杆? …… (145)

错误 52　你是否明白只有一种办法能使你成为"买入并持有"型投资者? …… (147)

错误 53　你的投资顾问是否只顾赚取佣金? …… (149)

错误 54　你是否花了过多的时间去管理你的投资组合? …… (152)

错误 55　你是否有了法定继承人? …… (154)

错误 56　你是否毫无计划就开始了你的投资旅程? …… (158)

错误 57　你是否理解风险的本质? …… (162)

第四部分　在构建投资组合时所犯的错误 …… (165)

错误 58　你是否孤立地看待投资? …… (167)

错误 59　你是否在同一个篮子里放了太多的鸡蛋? …… (169)

错误 60　你是否低估了建立分散化投资组合所需要的股票数量? …… (172)

错误 61　你是否认为分散化是由所持有的证券的数量所决定的? …… (174)

错误 62　你是否认为集中持股型基金表现会更好? …… (177)

错误 63　你是否明白在金融危机时风险资产间的相关性会提高? …… (180)

错误 64　在构建投资组合时是否未考虑你的人力成本? …… (183)

错误 65　你是否相信投资世界是平的? …… (185)

错误 66　你是否误以为追踪指数就是投资于标准普尔 500 基金? …… (188)

错误 67　你是否将你的房子视作房地产投资的一部分? …… (190)

错误 68　你是否没看清高收益投资的风险？ ……………………………(193)
错误 69　你是否买那些别人推销给你的产品，而非你自己想要
　　　　买的产品？ ………………………………………………………(195)
错误 70　你是否在追逐你的 IPO 之梦？ …………………………………(200)
错误 71　你是否明白你可能太过保守了？ ………………………………(203)
错误 72　你是否过高的估计了你退休后每年可以套现的比率？ ……(207)
错误 73　你是否将资产放置在了错误的投资账户？ …………………(212)
错误 74　你是否认为所有的被动管理型基金都是相同的？ …………(215)
错误 75　你的信任是否缺乏验证？ ………………………………………(218)
错误 76　你是否有替代方案？ ……………………………………………(220)
错误 77　你是否重复犯相同的错？ ………………………………………(223)

术语表 ……………………………………………………………………(227)

鸣谢 ………………………………………………………………………(239)

作者简介 …………………………………………………………………(240)

有 50 种将投资搞砸的办法。如果你是一个天才的话,你能想象并避免掉其中的一半,但你不是天才。

——电影《体热》

只有两件事是无止境的,宇宙和人类的愚蠢,对于前者我并不太了解。

——阿尔伯特·爱因斯坦

"将此书作为你做投资决策时的检查表,无疑将提高你在金融市场中的收益率,而这本来就应该是你获得的。"

——约翰·博格,先锋集团创办者

聪明的投资者也会犯的错误与改进方法

——拉里·斯韦德鲁 畅销书作者,
哥伦比亚广播公司财经观察专栏作家
——巴拉邦

第一部分 理解和控制人类的行为对于投资成功来说非常重要

第一部分 理解和控制人类的行为对于投资成功来说非常重要

错误 1
你是否对自己的技能过于自信？

> 人们会夸大他们自己的才能。他们对于自己的预期感到乐观，并对于他们的猜测过于自信，包括选择哪个经理。
>
> ——理查德·泰勒

乔纳森·波顿在他的《投资巨人》一书中，邀请了他的读者，并向他们提出关于自己的以下几个问题：

- 我在与人相处方面是否高于平均水平？
- 我是一个高于平均水平的司机吗？

波顿注意到如果你像普通人，那么你很有可能会对这两个问题都做肯定的答复。事实上，研究表明，大约90%的人对这类问题都给出了肯定的答复。显然，不可能有90%的人在与人相处的问题上高于平均水平，或者90%的人是高于平均水平的司机。

同时，根据定义，只有一半的人能够在与人相处的方面高于平均水平，也只有一半的人能够成为高于平均水平的司机。而大部分的人都相信他们自己高于平均水平。对自己的能力的过度自信在某些方面是一种健康的态度，它让我们对自己感觉良好，营造了一种积极的态度来面对生活。不幸的是，对于我们的投资技能的过于自信却会带来投资损失。

下面我们将解释这一效应。一个对于投资者期望回报的调查表明，他们坚信他们的投资组合能够跑赢市场（表1—1）。

聪明的投资者也会犯的错误

市场投资回报率的预测与投资者回报率的预测

年月	市　　场	投资者组合
1998年6月	13.4%	15.2%
2000年2月	15.2%	16.7%
2001年9月	6.3%	7.9%

另一个很好的例子是1998年2月蒙哥马利资产管理公司的一份调查，它显示了74%被采访的投资者始终期望他们的投资高于市场回报。平均水平的投资者跑赢市场显然是不可能的，因为投资者的全集就是市场。根据定义，平均水平的投资者应该获得的是市场的回报率减去他们的付出和努力，而这个逻辑是不可能被跨越的。

在一篇纽约时报的文章中理查德·泰勒教授和罗伯特·J·席勒教授指出，个人投资者和机构投资者坚信，他们比别人有更多更好的信息，使他们能够通过选择股票获利。这种理解解释了为什么个人投资者相信他们能够：

☞ 选择的股票能够跑赢市场；
☞ 很好的把握市场，使他们能够在上升的时候进入和下降的时候退出；
☞ 识别出少数积极型投资管理基金能够超越他们各自的基准。

即使人们相信他们跑赢市场是很难的，却仍然自信地认为自己会成功。这就是经济学家彼得·伯恩斯坦所指出的："积极型投资管理是非常难的，因为这里有很多知识渊博的投资者和信息，而他们变化得如此迅速，市场是很难被超越的。聪明的人在尝试做着同样的事情，没有人说它很容易。但是可能吗？是的。"微弱的可能性让希望存活，过度自信让投资者相信他们会是少数的成功者之一。

请记住，要从市场的错误中获利，你必须获得市场上没有的消息（但是，请记住，如果是内幕消息，是不能用于合法交易的），或者你必须对信息的解读优于市场上投资者的集体智慧。显然，并不是每一个人都能在这方面超越平均水平。要超越市场，你就必须高于平均水平，因为你付出了努力就产生了费用。

让我们再看几个投资者过于自信的例子。布拉德·巴伯和特里·奥汀做了一系列关于投资者行为和业绩的研究，以下是他们主要的发现：

第一部分　理解和控制人类的行为对于投资成功来说非常重要

☞ 个人投资者的投资回报低于相应的基准回报率。

☞ 女性投资者在股票选择方面并不优于男性，女性产生更高的净回报率通常来自于较低的换手率（较低的交易成本）。同样，已婚男士的表现优于单身男性。很显然的解释是：单身男性没有获益于配偶的理智忠告来减轻他们的过度自信。这似乎是人类行为的一个共同点。一般来说，男性对他们没有的技能充满信心，而女性在这方面显然更明智些。

☞ 交易最频繁的个人投资者通常（大概因为自信心的错误定位）产生最低的净回报率。

过度自信让投资者认为别人的决定都是心境、感觉、直觉和情绪的结果。当然，他们看待自己的决定总是来自于客观和理性的判断，过度自信同样也让投资者仅仅寻求那些能够证明自己观点的证据，而忽略那些反面的证据。已故的约翰·李修——著名资深债券播报员和《利肖报告》的创办人，如此说道：

预报员，显然是有倾向性的，并且在记录即时经济事件上是不可信赖的。换言之，他们倾向于揭示那些支持他们的预测结果的证据，而忽略或者在分析时摒弃那些反对信息。并且，即使实际数据反驳了他们的观点，他们无疑会揭示一些统计方面或者某些情有可原的状况来巧妙地吻合他们的观点。

细看门萨（一个高智商俱乐部）投资俱乐部提供的一份有趣的关于过度自信调查研究的结果。如果投资者确实应当对他们的技能充满自信，那么逻辑上很容易让人相信，他们必然属于这个俱乐部。然而2001年6月的《精明理财》上显示在过去的15年里，门萨投资俱乐部的年回报率仅为2.5%，比标准普尔500指数的年回报率落后了近13%。沃伦·史密斯，一位有35年经验的投资者，报告了他从初始投资的5300美元增长到9300美元。而一个同样的初始投入，如果换作是标准普尔500指数，那么应该收到的回报是300000美元。一位投资者形容他的策略，是买得低，卖得更低。门萨的成员过度自信地认为，他们的超高智商会转化为超高的投资回报。

华尔街日报的专栏作家乔纳森·克莱门茨有以下的观察结论："超越市场？这是一个荒唐的想法。很少有投资者能成功地跑赢市场，但希望总是战胜经验，成千上万的投资者仍不断地尝试。"过度自信解释了希望战胜经验，投资者甚至曾意识到这个任务很难完成，但是他们仍然认为完成的可能性是很大的。作者和独立的金融财经新闻工作者詹姆斯·斯迈尔豪特提出："心理学家很久以来就记载了人类倾向于高估自己成功的能力和预期。对于那些投资股票的人们来讲尤其如此，他们因此倾向于过度交易。"

认识到我们预测未来的能力有限是重要且明智的成功投资策略。清楚地认识到过度自信的倾向，你就可以避免尝试跑赢市场带来的错误。梅尔·斯特曼，一位圣克拉拉大学的金融学教授，提出了关于避免过分自信的以下几点建议："做一份记录，写下每次你对市场走高或者走低的判断，几年后，你会意识到你的观点一文不值。一旦你意识到这一点，在市场这片海洋上泛舟会变得容易的多。"

第一部分 理解和控制人类的行为对于投资成功来说非常重要

错误 2
你是否预计现在的趋势会无限期的复制到未来？

> 我们发现人们倾向于购买那些近期表现较好的产品。但是，事实上研究表明，他们总是因为在糟糕的时机下的买入和卖出耗费了自己的资金。
>
> ——斯科特·库利
>
> 晨星公司，《圣路易斯邮报》分析师，1999 年 2 月 11 日

随着我们年龄的增长，我们逐渐倾向于保留长期记忆技能，而放弃我们的短期记忆技能。不幸的是，投资者在投资中并不因此而获益。这似乎是一个简单的人性弱点，以至于人们深受近因效应的影响，倾向于把更多的注意力集中到近期的效应，而忽略了长期的历史走势。这导致了过分自信（我们之前讨论过的一个错误），并且把不太可能的事件误认为是完全不可能的事件（我们将会在后面讨论这一个错误）。

举例来说，从 1990 年到 2002 年，标准普尔 500 指数的投资回报率高出摩根士丹利资本国际指数每年 8.5 个百分点（即 9.7 对 1.2）。如果把所有的钱投资在美国是安全的，你又何必进行国际化的投资呢？这使得很多投资者放弃了境外股票。然而 2003~2009 年，摩根士丹利资本国际的指数投资回报率比标准普尔 500 指数每年高出 3.7 个百分点（10.4 对 6.7）。

这个现象更多近期的例子，如投资者进入大宗商品市场和 2003~2007 年的惊人回报之后的新型市场（尤其是中国）投资。2008 年后，投资者逃离的速度就像他们进来时那么快。

也许，展现近因效应的危害最好的例子是来自以下的研究：晨星公司跟踪记录了最冷门的基金类别从 1987~2000 年的走势，受关注的程度是依据流

入和流出（赎回）该基金的资金量。最冷门的基金是指那些获得资金量流入最少或者资金量流出量最多的基金。事实是，三类最冷门的基金在75%的时间里超越了平均水平的基金类别的；更有趣的是，在90%的时间里，它们超越了最热门的基金类别。

金融调研公司观察了晨星公司的48类投资产品，在最好和最差的四个季度内的资金流向，金融调研公司发现，投资者总是追寻一个固定模式，那就是买高卖低，这并不是一个投资成功的诀窍。在追逐了几个季度的高回报后，平均910亿美元的新进资金净额流入基金，意味着投资者在高位买入。另外一方面，在表现最差的季度里，资金的流入下滑至仅有65亿美元，这说明投资者错过了投资产品打折时的买入时机。

同样，观察2009年和2010年的大半年时间的大牛市里，投资者把资金退出了美国股票基金。

追逐业绩的成本

共同基金的回报率是用时间加权收益率来计算的，即假定期初的一笔投资在期末衡量它的市值的增减，也就是我们所说的投资回报率。然而，投资者的资金加权收益率受进入和退出的时机所影响，这就是我们所说的投资者的回报率。并且如你所见，资金加权收益率和时间加权收益率有很大的不同。

晨星公司分析师观察了公共基金和它们的投资者的业绩，发现所有17个基金类别中，投资者的回报率低于基金本身的回报率。例如，高市值的增长型基金10年期每年的资金加权收益率比时间加权收益率低3.4个百分点；对于中等市值成长型和小市值的成长型基金，回报率分别低2.5个百分点和3.0个百分点；即使价值型投资者表现欠佳，他们的回报率也不会如此之低。高市值价值型投资者的年回报率比他们所投资的基金的年回报率低0.4个百分点；同样小市值价值型投资者的年回报率比他们所投资的基金的年回报率低2个百分点。

我们也同样在伯格金融市场中心的一份研究中找到了同样的证据，样本数据中包含了1996~2000年的5年间，200只资金流入量最大的基金。对比这些基金1996~2005年这10年的时间加权收益率和投资者的资金加权收益率发现，这200只共同基金的时间加权收益率是每年8.9%，然而，投资者获得的实际的资金加权收益率每年仅有2.4%，这里存在一个6.5%年收益率的差距。研究同时表明，200只基金中仅有2只基金的时间加权收益率超过了资金加权收益率，而没有任何一只基金的资金加权回报率比时间加权回报率高0.5个百分点。更让人惊讶的是，在76只基金中，累计的差额从-50%~-95%。

即使是指数基金的投资者也受到近因效应的影响。我们从晨星公司一份关于2005年之前10年的研究中找到证据，免佣指数基金的时间加权收益率是8.9%，比投资者投资这些基金的资金加权回报率7.1%高出了1.8个百分点。

小结

受近因效应的影响，也就是尝试购买昨天的回报率。你必须时刻谨记你只能购买明天的回报率。要避免这个问题的方法就是，不要去理会那些来自华尔街的媒体、财经报刊以及专家的怂恿，让你相信"这次真的不同了"。在追随任何潮流之前，查阅一下长期的历史走势和这个结论的逻辑，并注意避免过度自信。那些追随潮流的人通常在不远的将来就会发现被遗弃了。

错误 3
你是否在事后认为事件的可预测性比事前更高了？

有一句古话说，到了星期一早上我们每个人都是伟大的四分卫（事后诸葛亮）。事后来看，正确的做法和制胜的策略总是非常明显，然而就像是人类的一个缺陷一样，我们要么是不能，要么就是不愿意，去回忆那些事件发生之前我们的立场是什么。在事情发生后，我们总是倾向于夸大自己在事前预测这些事件的能力。事后偏差的存在使得我们会认为，即使是"专家们"未能预见到的事情是再明显不过了，几乎就是必然的。每一天我们都能听到解释市场动向的"事后"分析，听起来就像是这些事件完全就在预料之中一样。为了展示事后偏差导致的结果，请参考下面的内容。

从 1990 年至 2010 年的 21 年间，标准普尔 500 指数比日本大盘股指数的年收益率高出了 10 个百分点（8.5 对 -1.5）。虽然很多投资者会认为这是非常容易预测到的，我们来看看真实的情况是怎样的。

1989 年，日本的资产价格正在快速的上涨，日经指数已经达到了 40000 点，在过去 10 年间上涨了几乎近 500%，并且似乎还没有见顶。土地价值也上升到了很高，日本皇宫的地价甚至超过了整个加利福尼亚州所有房地产的总价值。由少数政府官员来决定资本应该如何分配，日本的"管理资本主义"模式让整个世界眼红，其他国家都争着效仿。日本还拥有巨大的预算和贸易盈余。另一方面，美国拥有着庞大的财政赤字，经济增长缓慢，市场似乎在 1990 年又将下跌。索尼公司的联合创始人盛田昭夫表示：

美国不再制造产品了，美国享受的乐趣是如何将钱从一处移到另一处，并从中获利。美国绝对不缺乏技术，但的确缺乏创造力将新技术商业化，我认为这是美国最大的一个问题所在。而另一方面，这正是日本的强项，美国无疑面临着渐渐地衰落。

当然，事情的发展与大多数专家当时的预测完全不同。直到2011年初，日经指数的跌幅仍为75%。

小结

事后偏差非常危险，它使得投资者只记得自己的成功，而不记得他们的失败。它还使得投资者认为，投资结果比真实情况的可预测性高很多。迈尔·斯塔特曼这样说道："事后偏差不仅使得大家相信未来是早就预先决定了的，而任何人只要有半个大脑就能预见到。"

事后偏差带来了过度自信，并让投资的真实状况显得不那么危险。避免犯这个错误的方法就是记得，股票市场的收益率是不可预测的。而对付不可预测性最好的解决办法就是，使用指数和被动资产类别基金来建立全球性分散化的投资组合，并反映你独有的风险承受的能力、意愿和承担风险的需要。最后，请听取专栏作家杰森·茨威格的建议："任何时候当有分析师讲得头头是道的时候，请记住，假如他们肯将自己过往的预测结果（包括那些大挫折）透露给你的话，那可真是连猪都会飞了。"

聪明的投资者也会犯的错误

错误 4
你是否从小样本中得到推论并相信你的直觉？

人们经常从信息中得出错误结论，其中一个原因就是他们错误的相信了自己的直觉，另外一个原因是这些信息可能是交错重叠的。当信息中涉及到了投资决定，那么错误判断将会付出昂贵的代价。一位希伯来大学的心理学家，阿莫斯·特沃斯基对人类的行为做了以下的试验：

假设这里有两个装满了的袋子，不透明，装有同样数量的扑克筹码。A 袋有 2/3 的筹码是白色的，1/3 是红色；B 袋中的比例则是相反的。你的任务是猜想哪个袋子里有较多的红色筹码。从 A 袋中你仅允许拿出 5 个筹码，其中 4 个是红色的，而从 B 袋中你允许拿出 30 个筹码，其中 20 个是红色的。你猜想哪一个袋子有最多的红色筹码？

如果你和大多数人一样，你可能会猜 A 袋，因为 80％ 被你拿出的筹码是红色的，而 B 袋拿出的筹码仅有 67％ 是红色的。然而，统计学显示，如果你选择 B 袋子，你更可能会是对的。原因是从 B 袋提取的样本量较大，你会对结果更有信心。而统计学的理论告诉我们，30 个中含有 20 个红色筹码的袋子比 5 个中含有 4 个红色筹码的袋子是装着较多的红色筹码的可能性更大。

这和投资者有什么关系？就像那些猜测结论为 A 袋的人们，投资者经常根据小样本来做决定。例如，从 1996 年到 1998 年间，成长型股票表现优于价值型股票，高市值的股票表现优于小市值的股票。标准普尔 500 指数每年增长 28.3％，而且表现分别优于空间基金管理公司微型股基金 18.1％，优于空间基金管理公司小盘价值基金 12.8％ 和优于空间基金管理公司大盘价值型基金 8.5％。出版刊物和广播媒体中充满了所谓的专家的建议，投资者应避免那些"糟糕的"小盘股和价值股，因为它们显然是不良投资。小盘基金和价值基金遭受资金的流出，而大盘股为资金的流入。

把1996年至1998年这段时间作为A袋，你只能挑出少量数据作为小样本。把股票市场中可以收集到的73年间的数据作为B袋。虽然大盘股和成长股在3年的时间里跑赢了市场（若你身在其中，你也许会觉得这段时间很漫长），而从长期来看，我们知道小盘股跑赢了大盘股，而价值股跑赢了成长股。从1927年到2010年，当标准普尔500指数每年增长9.9%，小盘股、小盘价值股和大盘价值股分别增长了12%、15%和11.7%。

投资者忽略了较大的数据集合，就犯了和基于小样本而选择A袋相同的错误，他们相信自己的直觉，觉得小样本就是整个数据集合的代表，而这两者唯一的区别是选择A袋并不会让你有任何损失。但是，如果投资决定基于小样本数据便会付出昂贵的代价，尤其是当你因为一个小的、近期的数据集合，让你放弃了一个设计良好的投资策略时。

下面的故事很有力地证明了基于小样本数据集合做出的不正确的投资决定。然而在1966年到1990年这25年间，银行的一个月期的无风险存款利率高于大盘成长股的回报率。但是，如果在这25年之后，你放弃了预期高回报率的股票类资产的投资策略而转向银行存款单，你就会错过史上最大的牛市。尽管如此，部分投资者仍然基于非常短期的结果而太过轻易地放弃他们的投资策略，通常只有几个月的数据，更不必说几年。

基于短期结果而做出不理性的决定，似乎是一个影响了大量投资者的一个过于人性的行为模式。你可以通过确认你的决定是基于长期历史数据，而非短期数据来避免依据小样本数据做出错误的判断。

聪明的投资者也会犯的错误

错误 5
你是否让你的自我意识主导了投资决策的过程？

行为金融学是一个很有趣的领域，它把心理学家对人类行为的研究沿用到投资行为当中。行为主义者提出的这一见解解释了投资者行为的原因，有些看起来像是非理性的行为。财经记者乔纳森·克莱门茨这样说道："面对投资，我们是一群非理性的、前后矛盾的、神经质且无能的人。"来自心理学另一领域的一种观点是：投资者允许他们的自主意识影响投资决定而付出了沉重的代价。让我们简略地探讨一下，自主意识在哪些方面阻碍了理性的投资决策过程。

惊人的实际数据显示，绝大部分的积极型管理基金收益率低于他们的参考基准，而且在越长的统计时间段里，收益率较低的可能性就越大。当少数的积极型基金尽力尝试超越他们的基准，甚至是像晨星这样的拥有丰富资源的公司，也必须承认他们的星级评定对于走势是没有预测价值的（他们当然很好，在"预测"过去的表现）。因此，凭借什么样的逻辑让你相信，你能够预测到在过去表现出色的积极型管理基金能够持续地表现出色。试想，你唯一成功的方式是采用另外一个系统，或者不同但更确切的数据，而这正是晨星公司、其他所有评级服务机构和时事通讯都做不到的。

如果你试图使用过去的业绩来预测将来的盈利，强有力的证据将会表明你的方式很可能会失败。还有其他方法来辨别将来的获胜者吗？面对事实，一些人甚至愿意承认预测将来的获胜者是非常难的。然而，他们的自我意识让他们断定当其他人失败的时候，他们会以某种方式获得成功。成功的几率如此之低，所以对他们来讲最好的便是退出这场失败者的游戏。

爱德华·约翰逊三世，富达顾问公司的董事长说道："我不相信大部分的投资者会满足于只收到平均水平的回报率。这个游戏的名称应该是'做到最

第一部分 理解和控制人类的行为对于投资成功来说非常重要

好'。"这应该是一个典型的投资顾问的定位，当他们面对投资者关于投资指数基金的询问时，会说道："如果你做投资指数（被动型投资），你的回报将会是处于平均水平。但是你并不想仅限于平均水平，对吧？难道你不认为你能够做得更好吗？"股票经纪人和爱德华·约翰逊鼓吹的是这种高于平均水平回报率的需求。再仔细地听听乔纳森·克莱门茨所说的话："即使是最大的谎言只要重复地足够多也会被当成是事实。你能跑赢市场，超越平均水平，赶超指数，战胜市场，整个行业都陷入这样的幻想中。"

华尔街想你犯的错误是，没有能够理解到简单的赚取市场回报率，就可以比一般的投资者获得更多的税后利润。原因是积极型的管理基金年回报率在税前的基础上低于他们的基准回报率1个百分点，如果是税后回报率将会更低。另外，就像之前探讨的时间加权回报率对比投资人的资金加权回报率，积极型的个人投资管理组合通常要缴纳较高的管理费用与业绩提成费。换句话说，作为一个被动投资者，赚取市场平均回报，你将很可能超越一般投资者，甚至超越专业投资者。超过一般投资者的最好方式就是不参与华尔街的积极型投资的游戏。

保护投资者的自主意识需求，同样也有助于解释为什么个人投资者选择投资积极型的管理基金，而不是选择被动型的投资产品。如果积极型的投资经理人超越了他们的基准回报率，投资人会因为足够聪明选择了这个投资经理人而受到赞赏。如果投资经理人表现低于基准回报率，他将会受到责罚甚至被解雇。从自主意识的角度来看，这是一个"我赢到我没有输"的游戏。如果投资人选择了一个被动的投资管理产品，他们除了自己不能责怪任何人，还变成了一个"我赢或者我输"的游戏。从自主意识的角度来说，人们宁愿选择一个不可能输的游戏。

这个"我赢但不输"的游戏同样适用于股票的选择。如果一个人选择的股票较优，他会受到赞赏；如果所选择的股票较差，投资人会责怪经纪人、出版社或者推荐这只股票的专家。自主意识在任何一种状况下都是受到保护的。

小结

要避免因为投资错误付出代价，可以通过避免让自主意识进入到投资决定的决策过程中。先锋集团的创始人约翰·博格尔说道："投资成功的现实缩影是,意识到你可能获得最高的市场回报率是来自于哪一类金融资产,是投资在股票市场、债券市场还是货币市场。而且,你必须认识并接受这个部分将少于100%。完成目标的最好方式就是投资于那些被动式管理型和税收管理型的基金,它们将会使大约85%的投资者投资回报率有巨大的提升,或者获得典型的共同基金的回报率。"

第一部分 理解和控制人类的行为对于投资成功来说非常重要

错误 6
你是否允许你自己受从众心理所影响?

> 原本头脑清醒的人突然变成了不顾一切的赌徒,将他们的生存都押注在了一张纸上……人们总是在说要跟随大众的思想。我们已经见到过很多,变疯是群体的,而清醒是个体的。
>
> ——查理斯·麦基
> 《非同寻常的大众幻想与群众性癫狂》

　　心理学家很早就意识到,人们允许自己受到从众心理(羊群效应)或者"集体疯狂"的影响,就如查尔斯·麦凯于 1840 所说的那样,从众心理可以定义为人们与他人保持一致、和他人做相同事情的期望。

　　不幸的是,当涉及到投资,完全理性的人也会受到羊群效应的影响。潜在的、巨大的经济利益支配了人们的贪婪和嫉妒的情感。然而,允许投资决定受到群众性疯狂效应的影响将会对你的财政状况造成摧毁性的打击。

　　投资,尤其是投资在投机性的资产中,更多的已经成为一个社会性的行为。当今,投资者经常耗费很多的业余时间上网浏览、阅读、讨论或者闲聊他们的投资事业。当然讨论更多的是他们投资成功的案例而不是他们的损失——同病相怜的投资受害者相互却说着如何赚到多少钱的事。这是如何摧毁你财务健康的呢?让我们一起来分析。

　　受到大众的影响,投资人开始把大量的筹码押在他们了解不多或者不了解的投资上(也许甚至连投资产品的名称都不会拼写),或者那些原本不会被他们考虑的投资产品。如果一个独特的疯狂持续得足够长,即使那些非常保守的投资人也会放弃长期持有的信念,觉得自己错过了大家认定的"快钱",或者必然赚钱的事情,而这时他们恰恰忘记了风险、回报和分散化投资的基本原则。

聪明的投资者也会犯的错误

庆幸的是,这不是一个经常性的事件,虽然泡沫的确是经常出现。当然,很多人会想到最近的房地产泡沫,近几年也才刚刚走出科技网络股的泡沫。追溯不久的以前,20世纪60年代的电子泡沫,任何与电子相关的股票都上升到一个不可想象的高度,市场足够的狂热致使已经有好几本书精彩地描述了这个场景。为了避免重复过去的错误,你可以阅读罗伯特·希勒的《非理性繁荣》,爱德华·钱塞勒的《落后者遭殃》,查理斯·麦基的《非同寻常的大众幻想与群众性癫狂》,特别值得注意的是,麦基的书是写于1841年。

在他的书中,希勒列举了很多例子关于群众心理有时能够成为股票价格变动的主导因素。当市场长期处于非常理性的状态下,在某段时间内,它可能是非常不理性的。"群众性癫狂"结束,而一个新的"传统智慧"快速形成。麦基如此说道:"每个时代都有其特有的愚蠢行为:某些计划、项目,或者陷入到幻想,受到欲望的驱使,兴奋的必要性或者效仿的力量。"据报道,艾萨克·牛顿爵士曾说起过关于当代的投资狂潮——南海公司,"我可以计算出天体的运动,却计算不出人类的疯狂。"

希勒提出:"任何人作为单一个体都相当的敏感和通情达理,但是作为群体的一员,他立刻会变成一个傻瓜。"在群体中,傻瓜占据了股票市场的主导地位。所谓正反馈在短时间内使得自我实现的预言成真,买盘吸引着买盘,而价格简单的为了上升而上升,受到价格上涨的鼓舞,投资者变得更加有信心,诱使了更多的资金投进市场。就像庞氏骗局,策略一直奏效到它不再起作用。羊群行为制造泡沫,而不幸的是,这些泡沫的破灭带来的却是毁灭性的影响。让我们来看看,这是如何造成毁灭性影响的。

20世纪中有4个时期,市盈率达到了历史的较高水平。第一次发生在世纪之交,价格跟随实际收入的蓬勃发展而爆炸性的增长,公司利润在过去的5年之内已经翻倍。在一个崭新时代——高科技时代来临的推动下,未来肯定是乐观的。似曾相识?可怕的相似之处!发生了什么?直到1920年6月,股票市场损失了1901年6月股票市场价值的67%。

第二次较高的估值发生在1929年的一轮投机性的牛市之后,该牛市使得市盈率远远高过之前的顶峰。直到1932年6月,市场的实际价值下降超过了80%。

第三次发生在1966年,市盈率飙升到只在前两个经济泡沫中出现过的某个高点。直到1974年12月,真正的股票价格下跌了56%,直到1992年的5月才回到1966年1月的水平。

第一部分　理解和控制人类的行为对于投资成功来说非常重要

第四次发生在 2000 年 3 月，当时纳斯达克指数超过了 5000 点，到达了它的顶峰。在高科技革命的狂热中，投资者把市盈率推动到了一个前所未有的高度。而到 2001 年 3 月，纳斯达克指数下降了 70%，是有史以来最大的跌幅。

我们应该如何解释美联储委员会主席艾伦·格林斯潘所说的投资者的"非理性繁荣"？投资者受到聚众效应的影响，即使他们被证明是错误的，他们也能安慰自己，至少他们是和其他人错在一起。数字是一目了然的，这就解释了为什么即使是所谓的专业人士也会陷入到聚众效应当中。

不幸的是，对于那些能够抵御聚众性癫狂的理性投资者来说，他们并没有用一个系统化的方式来从狂热中获利，原因是没有方法来预测非理性的价格走势如何发展。美国普林斯顿大学的经济学教授波顿·麦基尔说道："我们在回顾中得知，股票价格经常会反应过度，而后估值会逐渐回归均值，但是我们永远无法事先知道这样的回归什么时候会发生，即使是泡沫也只有在回顾时才能肯定。"

对人类行为的理解，配合准则来避免追随大众和当时噪音的诱惑，是制胜的投资策略的重要组成部分。也许对于普通人来说，当周围的人都有所作为的时候，要做到保持冷静是很困难的，即使知道什么都不做才能带来最佳利益的情况下也很难保持冷静。保持冷静以及避免非理性繁荣的关键是：

☞ 对市场的运作有一个全面的理解。泡沫终将破灭，因为估值没有任何合适的经济学假设来支撑。始终记住，股票估值不是一门科学，股票不过就是价值基于未来盈利的金融工具罢了。

☞ 用一个精心设计的路线图来实现你的财务目标。路线图是以投资策略说明书的形式呈现，它包含了一个再平衡表格，这会帮助你远离漫无目的的投资。

☞ 理解人类行为如何影响投资决策。谨记阿纳托尔·法郎士的告诫："即使 5000 万人都发表同一个谬论，它仍然是个谬论。"

> 聪明的投资者也会犯的错误

错误 7
你是否混淆了技能和运气？

> 投资人把成功归功于他们自己的智慧，而把失败归咎于他们的运气不好。如果你也一直这么做，最终你会误认为自己是个天才。
> ——尼古拉斯·巴伯瑞斯
> 《华尔街日报》，2001年2月4日

设想一下这样的场景：10000人聚集在一起参加一场竞赛，每人发给一枚硬币抛向空中，然后猜想结果会是正面还是反面，任何能够连续10次猜对结果的人将会被授予抛硬币大师的荣誉。据统计，我们预计第一次抛硬币的结果，将会有5000个人是正确的，5000个人是错误的。第二轮之后，剩下的参与者预计将会有2500个人是正确的，以此类推。重复10次以后，我们预计将会有10个参与者10次结果都猜对了，并且获得了大师称号。你认为这10位大师赢得下一轮抛硬币竞赛的可能性有多大，你认为他们会赢吗？答案很显然。这和投资有什么关系呢？

当今，股票有多少，共同基金就有多少，这么多积极型的投资者尽力跑赢市场，但是仅从统计学上显示只有一部分人是成功的。跑赢市场是个零和游戏，也就是说，既然所有的股票都必须被部分人持有，那么对于积极型投资经理人来说，有人跑赢市场，就必然有人输给市场。因此，任何投资经理人成功的几率都是50%（不考虑积极型投资经理人较高的成本）。用硬币游戏类推，我们能够预计1年内将会有任意一半的积极型投资经理人会跑赢市场，将会有1/4的投资经理人第二年继续跑赢市场，而第三年将会剩下1/8，以此类推。真正跑赢市场的积极型管理基金比随机预期的还要少很多。

当然，没有人会用我们抛硬币比赛的结果来预测下一轮的胜利者，投资经理即使跑赢市场1年，也已经算得上是大师水准了，包括出现在各大金融

第一部分　理解和控制人类的行为对于投资成功来说非常重要

财经频道的发行出版物。古语有云，即使是一只盲了的松鼠偶尔也会找到一个坚果。既然除了随机预测以外没有任何证据表明基金的表现有任何的连贯性，那么就没有办法预测未来的成功者，投资者好像把偶然的成功（挑一只股票或者一个投资经理跑赢了市场）解释为技能的成果，犯这样的错误和把偶然的失败解释为厄运的后果是一样的。

2001年10月8日的《商业周刊》发表了一个完美的案例，是一个关于被随机现象愚弄的场景。辜特娜发表了一篇题为《雏鸡的精英回家筑巢》的文章。一年以前，她写了一个专栏，关于"雏鸡产下留窝蛋"——10个女性朋友和亲戚采用网络共同经营了一家投资俱乐部，她们的投资组合回报率比起1998年10月到2000年9月期间标准普尔500指数的回报率还高出30%。作者没有把这些归功于随机，而是把她们誉为大师——"被证明是没有金融知识的笨蛋"。作者从来没有质疑这可能是随机的成果，相反它被认为是技能成果。被认定为技能的原因是：如果这是一个随机的事件，那么这里将没有故事可讲。她们出版了一本书来宣扬她们的智慧——《女性储蓄者：10个女人如何打败华尔街的男人们……而你也能做到》。

辜特娜值得赞扬的是，她承认在她的专栏中自己可能是笨蛋。她描述道，这10位女性的投资组合自2001年9月17日开始，近3年损失了35%，相较之标准普尔500指数仅损失16%。

你可以通过检验结果是统计学意义上的，或者更可能是一个随机的，甚至是不可预期的、偶然的，来避免混淆技能或运气的结果。另外，你还要确认它是不是一个有逻辑性的结论。

聪明的投资者也会犯的错误

错误 8
你是否因为感觉到控制权的丧失而放弃被动型投资？

当人们开始他们的投资旅程时，可以选择两种共同基金中的其中一种。他们可以选择积极管理型投资基金或者被动管理型投资基金，如指数基金和ETF基金。显然大部分的个人投资者能改善他们的回报，如果他们采用被动型投资策略的话。然而不幸的是，大部分投资者选择了积极型。

这个选择的一个重要因素是，投资者觉得积极型管理投资基金在某种程度上是受控制的。华尔街对这一哲学的理解反映在他们网上交易的广告中，支持"你来掌控"这一主题。另一方面，这些投资者感觉到被动型投资组合的风险和回报的确不太好控制。被动型投资者简单地建立了分散化的被动型管理投资组合——指数基金，或者ETF基金，这种投资组合反映了他们独特的能力、愿望，以及承担风险的需要，而且当市场的波动使得他们的组合失去平衡时，他们会重新调整投资组合以追踪市场。因此感觉到这是受市场控制而非投资者控制。

想要控制和非要做某事正是人类的特性。想使用积极型投资管理基金和主动管理它们的投资组合会给投资者带来控制感，但事实却完全相反。你需要用正确的眼光来看清未来。

金融学家发现，几乎所有的投资回报都是由三个风险因子：股权、规模（大或者小）和价值（成长型或者价值型）来共同决定。当然固定收益产品也包含在投资组合里，决定性的因素还包含了到期日（或者更确切地说是日期）和固定资产的信用等级。问题是，当投资者选择了积极型投资管理基金来建立投资组合时，他们对基金经理放弃了投资回报这一关键性因素的控制。积极型投资经理试图抓住市场中的每一次机会，他们选择会跑赢市场的股票，如果基金经理相信熊市即将到来，他们会卖出股票而买入短期国库券，或者

第一部分　理解和控制人类的行为对于投资成功来说非常重要

做空股票；一个小盘基金可能决定购买大盘基金，一个价值型基金可能会购买成长型基金；而一个本土基金可能会购买国际股票。这些类型的转变就称为风格转变，这样的风格转变使得投资者对他们的资产组合甚至于投资组合的风险和回报失去了控制。

被动型管理基金的投资者从来不担心风格的转变，他们对投资组合的风险和回报保留完全的控制。理解到积极型管理基金经理人选择股票和追逐市场的行为对投资组合的回报率影响不大，你可以避开使用积极型管理基金保留虚假的控制感的错误。

我们需要论述另一个控制策略：个人投资者购买股票而不是积极型投资管理基金，这个策略似乎是最高程度地掌控自己的投资组合，然而在买卖的过程中，你遇到两个问题，首先，你几乎不能做到如共同基金那样广泛的分散化；第二，证据显示，自己选择股票的投资者回报率明显低于合理的基准回报率。如果你考虑通过购买单只股票来保持控制权，你要想清楚，自己优先考虑的是控制权还是在愿意承受的风险中获得尽可能高的回报。

聪明的投资者也会犯的错误

错误 9
你是否不愿意承认投资错误？

普通投资者对高风险是规避的。例如，研究表明，引诱一个普通投资者接受一个对等赌注的赌局（例如抛硬币），你需要给出 2：1 的赔率。因为损失的痛苦至少是我们获得同等收入的快乐的两倍。这种行为的特点导致的投资错误称为：后悔规避，也可以简单地解释为拒绝承认错误。

事实上，我们似乎是天生不喜欢承认错误。请看《悔不当初》的作者凯伦·舒尔茨的例子，她与她的朋友伊丽莎白参与了一场争论，关于射手座是属于夏天还是冬天的星座。"她绝对相信射手座是夏天的星座，即使他们是在 12 月份站在户外看着射手座。我断定它是某种天文学的现象，我的逻辑类似于：'好吧，所有人都知道每 52 年，射手座会连续出现 18 个月。'"从记录上来说，事实上不是这样，而伊丽莎白当然输了她的赌局。

承认投资错误并不容易，大部分的人有一个自然的倾向去逃避承认投资决定的结果与预期不同，这使得他们持有的股票受到了损失，因为他们维持理论损失的假象直到损失实现。卖出行为被视为他们承认自己所犯的错误，加上实现损失时所受的精神上的痛苦，这使得投资者不愿意卖出。多少次你告诉自己或者听到别人说"等它回本了，我就把它卖出"。

逃避失误并不能改变它们。规避失败会导致两个投资错误：第一个错误是持有一只股票直到它回本。继续持有你所购买的股票是不需要额外成本的（除了税收）。你的问题是：如果你没有持有任何一只股票，是否应该以当前的价格买入来组成你的投资组合。如果答案是否定的，那么你就应该卖掉它，因为每一天你都可以以当时的价格购买它。

作为《犯错误（但不是我犯的）》的作者卡罗尔·塔夫里斯和艾略特·阿伦森说道："深入了解我们的思想为什么如此运作，是打破自圆其说的第一步。接下来，对于我们行为和选择的原因要更加警觉。它需要时间，自我反省和意愿。"但是，它值得。因为，卡罗尔·塔夫里斯和艾略特·阿伦森说道："如果你在它还如坚果那么小的时候承认错误，要比它变成有着深厚根部的大树一样时容易修正得多。"

第二个错误是失去因为损失得到的税收抵扣收入。如果损失是短期的，由损失引起的税收减免将会高于一般的所得税率，而不低于长期的资本收益率。损失抵消了投资组合里的收入，因此减少了你的实际税收。

如果该证券未变现亏损，就仍适合整体性投资组合的配置，两者必须选择其一：是考虑卖出股票，或是共同基金。第一个选项是简单地卖出证券，然后在31天后回购。这可以让你避免虚假交易，因为规则规定，在30天内购回相同或大致相同的证券，这样的交易被认为是虚假交易。另一个选项是把资产和类似（但实质上不相同的）的证券进行互换，如卖出罗素1000基金，然后购买标准普尔500指数基金，这两个基金走势应非常类似。

你要记住，税收管理是投资过程中非常重要的一部分，可以用来防止后悔规避引起的麻木心理。虽然自己都希望我们的投资组合中只有赢家，但是实现损失来获得税收的优惠也是制胜策略的一部分。一旦损失变现，如果它不再适合你的整体投资组合，你就不太可能再犯同样的错误去购买相同的证券。如果损失的资产属于应税账户，那么卖出的决定应该是普通投资组合审查的一部分。如果你没有这项资产而现在要购买它，记住要问自己这项资产是否仍然适合你的总体规划。

聪明的投资者也会犯的错误

错误 10
你是否关注"专家"?

我们在日常生活中的很多领域依赖于专家的建议。营养学家告诉我们要多吃水果和蔬菜,避免大量的加工食品;健身教练告诉我们要做到至少30分钟的锻炼,每周三次。你给自己的生活领域命名如养育、工作、学业等等,绝对不缺少人来建议你应该(如果他们是有进取心的)做些什么。

投资也没什么不同。消费者新闻与商业频道的电台名嘴总在告诉你应该怎样投资或避免犯错;金融出版物的所谓专家,预测的一切,从股市到利率,到经济。与大多数专家一样,你必须知道哪些建议是好的,哪些是有害的。证据表明,听取和执行市场大师的预测最有可能损害你的投资组合。

许多投资者尽管遵循专家的建议,他们的投资组合仍然一片混乱。"错在哪里?"(著名的吉姆·克拉默在约翰·斯图尔特的每日秀中说的:"我犯了很多错。")答案是:跟随所谓专家的预言或建议是错误的。正如投资传奇人物沃伦·巴菲特所说的,"对于股票市场发展方向的预测,并不会告诉你股票的走势,而是大多数人的预测"。

大卫·弗里德曼在他的著作《错误》中解释了偏见和腐败如何在专家意见中发挥作用。

我们大多数人认为科学家们应该致力于揭示真理,而不是他们的职业前景,而有些不太正规的专家并非如此却享受这样的光环;为了获得推广或者甚至简单地保住自己的工作,执法官员必须脱离他们所服务的政府与恶性政治搏斗。对于这些专家,坚持正确并非一直是事业成功的最佳途径。已有无数的医生为病人提出不必要的或者价格过高的检查,在他们所投资的实验室里,政府官员接受好处和回扣,或者经纪人提高佣金等等。

弗里德曼指出大部分的经济学家甚至数学家,以及作为许多非科学类的

第一部分　理解和控制人类的行为对于投资成功来说非常重要

金融专家，已经很清楚地检验了约一个世纪，无论你使用什么样的技术来挑选股票，你都不可能战胜市场。事实上是："我们许多人仍然把我们的信心，不仅仅我们一生的积蓄，建立在一个基于尖叫的、弹跳的、钟鸣的并且声称对于股票的趋势有独特见解的电视名人的意见上。我想，这是一个尖锐的例子，论证了一部分专家如何驾驭坦诚和非理性来成就个人。"

弗里德曼提供了一个很好的例子，人们对意见如何反映。他提出了一个人背部疼痛的例子，患者看了两位医生，每一个都检查核磁共振。第一个说他看了很多类似的案例，而这个很难说到底是哪里的问题，他建议首先尝试治疗方案 A，并且从那里开始。第二个医生说他确切地知道问题在哪里，以及该怎么做。你会选择哪个医生？大部分人会选择后者。然而，很有可能这是一个错误的选择。我们想要确定性，但它却几乎不存在。而且，它肯定不会存在于投资世界里，因为这里回报率总是被不可预测的事件所解释，如中东的革命，日本的地震和海啸，或攻击世界贸易中心大厦。

这使得投资者需要征求专家们的意见，他们大多数似乎都知道他们在谈论些什么。政治学家菲利浦·泰洛克在他的著作中做出了专业的政治判断，即使专业的经济学预言家也不能持续地做出准确的预测。

泰洛克发现所谓的专家——预测是他们的职业，他们出现在电视上，电台上，在文献中被引用，建议政府和企业如何如何。其实并不好于众所周知的掷飞镖的黑猩猩。他把预测分为下面几类：①狐狸，它们追逐大范围的经历而且对世界的看法不能归结到单一的想法；②刺猬，它们用某个单一的中心认识来看待世界。以下是他最有趣的发现：

☞ 当刺猬比狐狸更自信时，这区分了最糟糕和不太糟糕的预测，而事实上刺猬往往错的比狐狸多。

☞ 刺猬和狐狸的最大区别是，狐狸很少把事物看成像低点时一样差或者像顶点时一样好。

☞ 乐观主义者的预测往往比悲观主义者更加准确，下次当你读到世界末日的预测时，请记住这一点。

☞ 专家认为事情远远低于他们所想的。我们最好转向狐狸型人格，它们知道很多的小事情，而且接受生活的模糊性和矛盾性，更胜于转向刺猬，他们只知道用公式化方法来解决不明确的问题。

☞ 无论预言家是博士学位、经济学家、政治科学家、记者或历史学家，

聪明的投资者也会犯的错误

他们是否有政策方面的经验，或接触机密信息的途径，或者是否曾经在他们的领域累积了多年的工作经验，唯一精准的预测是名气，而这和准确度负相关，最著名的，也就是最受媒体追捧的，做出了最坏的预测。

☞ 除了最低的预测能力，专业知识更多的是带来过度自信而非预测的准确性。

☞ 和普通人一样，专家们陷入了事后孔明的效应中。他们声称，事情发生之前，他们知道更多即将发生的事情。对过去立场的系统性记忆偏差看起来可能是有战略性的，但有证据表明，人们有时会真正说服自己，"他们知道这一切"。事后孔明的倾向导致过度自信。

我们最喜欢的说法之一是，有三种类型的投资预测者：他们不知道市场的走势；他们知道自己懂；他们明知自己不懂，却收下很多钱来假装他们知道。换句话说，他们是在玩一个完全不同的游戏。泰洛克指出，他们"争取在残酷的对抗性文化中维护自己的声誉，他们吸引口齿伶俐的愚蠢的记者。在他们的世界中，不自量力的生存，真正傲慢地茁壮成长"。他还指出，同样自信的刺猬式的推理降低了预测的准确性，减慢了信念的更新而转化为醒目又大胆的预测，但却极少被检验其准确性。

弗里德曼得出这样的结论："虽然你的确永远不要盲目地相信专家，但有许多情况，你应该甚至必须信任他们，否则做什么都是鲁莽的。"他建议，更多人应该听取专家的一致意见，这似乎得到很好的支持，实施起来并不特别繁重，似乎有些小缺点，如吃鱼、锻炼、把钱投入到税收递延储蓄计划，等等。他还说："然而，许多人设法避免遵从那些不仅被专家们广泛认可，而且是基本的和充分论证过以至于不相信它会违背逻辑的建议。"被动投资属于这一类。

尽管压倒性的证据表明，有没有好的预测者，投资者都非常重视经济和市场预测，往往按照他们的预测来行事，甚至改变已经经过深思熟虑的计划。当我们要对一些这样的预测发表评论时，我们的回答总是一样的：无论多么聪明、冠冕堂皇的说法，你应该肯定地忽略它，因为预测正确的可能性并没有比他们猜对抛硬币正反面的可能性更高。经验告诉我们，几乎没人——那可能指的是你——避免这个错误。

第一部分 理解和控制人类的行为对于投资成功来说非常重要

错误 11
你是否被已经支付的成本影响你继续持有一种证券的决定？

设想以下的场景：你是一个酒类的鉴赏家，你决定以每瓶 10 美元的价格购买几箱新发布的产品，而你想把这些酒在酒窖里存上几年。10 年后你买这些酒的交易商通知你这些酒现在价值 200 美元一瓶。你要做一个决定，你是打算再买一些还是卖出你现在的存货？

面对这样的决定，很少有人会卖出那些酒，也很少有人会再买。随着酒的增值，很多人可能选择储存下来在特定的场合喝掉。但是，不买也不卖的决定也并非完全合理，酒的拥有者被所谓的禀赋效应所影响。事实上你已经拥有这些酒（禀赋），它们对你的决定不应该再有任何的影响。如果你不在某个给定的价格买更多的酒，你应该会愿意在那个价格把它卖出。既然假设你在没有这些酒的时候，都不会买它，那么这些酒对你来说就没有任何价值，你应该卖掉它。

禀赋效应导致个人做出错误的投资决策，它会导致投资者持有那些假设他们没有也不会购买的资产，因为这个资产不适合资产配置计划，或他们定价高到从风险回报的角度来看，它们算是不良投资。禀赋效应最常见的例子是：人们都不愿意卖出由死者的配偶继承或购买的股票，或共同基金。通常情况下，他们说类似"我不能卖股票，那是我爷爷最喜欢的，而且他自 1952 年以来一致持有它"或者"那只股票是我家祖传的"或"我的丈夫为该公司工作了 40 年，我不可能把它卖掉"。禀赋效应的另一个例子是，通过股票期权、利润分享或退休计划等类型累积的股票。

金融资产就像这些酒，如果你不按市场价格购买它们，你就应该把它们卖掉。股票及基金不是人类，它们没有记忆，它们不知道是谁买了它们，如果你卖了它们，它们也不会恨你。如果这项投资适合你现在全局的资产配置，

> 聪明的投资者也会犯的错误

你就应该拥有它，它的拥有与否应该从全局来考虑。

你可通过问这样的问题来避免禀赋效应："如果我还没有这项资产，那么今天我会买多少来作为全盘投资计划的一部分？"如果答案是"我什么都不会买"或"我会买的少一点儿"，那么你应该制定一个配置方案。对待禀赋资产的处置还有另一个考量：可能存在相当可观的资本利得税。如果是这样的话，你可能要考虑把股票捐赠给你最喜爱的慈善机构，通过以现金的方式捐赠这项金融资产，你能避免缴纳资本利得税。

第一部分 理解和控制人类的行为对于投资成功来说非常重要

错误 12
你是否受限于"常胜不败"的谬论？

> 在投资业绩中，过去并不是序幕。
>
> ——查尔斯·艾利斯
> 《投资艺术》

在统计学里，有一个与投资相关的有趣且有洞察力的故事。一位统计学教授，每年都是以要求每位学生写下虚拟的连续抛 100 次硬币的结果，作为他授课的开始。然后挑选一个学生，真正去抛硬币并记录下结果。教授离开了教室，15 分钟后回来，答案已经在她的桌上放着，教授能正确挑选出真正的结果。这么神奇的行为，她是如何做到的？她知道有着最长连续的 H（正面）或者 T（反面）最有可能是真正抛出来的结果。即使 HHHHHHHHH 和 HHTTHTTHHT 出现的可能性是一样的，可能更多人会选择更加随机排列的后者。

随机连续发生的概率比人们相信的要高得多。例如，抛硬币 20 次得到连续 4 个正面和 4 个背面的可能性是 50%。因为人们低估了连续发生的频率，他们容易高估事件随机发生的概率。有一个研究表明，甚至打篮球时"手感极佳"也不过就是一个随机事件。一个统计学家整个赛季都跟随着一个篮球队，他发现职业生涯命中率 50% 的篮球运动员，投进下一个球的概率也是 50%，即使这个运动员刚刚连续投进了 5 个球。

一个普通的投资错误是跟风选择连续几年高于基准回报率的积极型投资管理基金，投资者意识到这里的因果关系（例如，基金经理成为一个投资专家）。但是，业绩更像是一个随机事件的结果，如果在一年内高过基准回报率的可能性是 50%，那么连续 3 年高过基准回报率就像是连续 3 次抛硬币都为正面，预计这种情况发生的可能性是 12%。许多的经理人都在做这样的尝试，似乎很多成功了。不幸的是，如果成功是一个随机事件，它便没有预期的价值。

伯顿·马尔基尔在他的《漫步华尔街》一书中说道，他对投资者通过选择热门基金能否跑赢市场做了广泛研究，结果显示，优先选择排行前 10 名、20 名、30 名的基金，或者更多基于前 12 个月的业绩，而 1 年后转移到新的高业绩基金的策略是无效的，这种策略的结果是低于标准普尔 500 指数和一般的共同基金。马尔基尔尝试根据基金过去 2 年、5 年、10 年的业绩纪录来排序，也发现了同样的结果。而且我们认为，大多数的投资人会惊讶于另一个研究结果，即 1962 年对于共同基金业绩的，它的作者马克·卡哈特，对 1962 年以来共同基金业绩的研究得到一个令人惊讶的结论：任何一个业绩表现在前 10% 的基金，很可能会降到后 10%，然后重新回到前 10%。

热手策略失败的最戏剧性的例子首推 44 华尔街基金，它的基金经理是戴维·贝克，一位已经被遗忘了很久的经理人，他的回报率甚至高过彼得·林奇的麦哲伦基金 20 世纪 70 年代的回报率，并且 10 年时间里在分散化美国股票基金的排行榜上名列前茅。不幸的是，44 华尔街基金被认为是 20 世纪 80 年代单个表现最糟糕的基金，价值损失高达 73%。同时期，标准普尔 500 指数每年增长 17.5%。该基金表现得如此差以至于在 1993 年 4 月被坎伯兰增长基金所兼并，而坎伯兰增长基金 1996 年 4 月又被并入马特洪峰增长基金。

相信热手效应，即使有 10 年的证据，也会付出惨痛的代价。投入到贝克管理的基金每一美元下降到仅有 27 美分，另一方面，投资标准普尔 500 指数基金的每一美元上升至超过 5 美元。如你所见，相信积极型投资经理人的过去业绩作为预测未来业绩的一个很好指标，将会为此付出很大的代价。

你可以通过认真考虑结果是否是随机，来避免对事件的过度反应和追捧热门的错误。马蒂·惠特曼作为投资经理人，他总结道，"华尔街的水沟都堆满了那些 5 年来看上去不错的人的尸体"。检验长期数据能够减少犯这类错误。根据抛硬币的游戏类推，当 3 次抛硬币的结果出现都是正面被认为是随机的，如果 100 次抛硬币的结果中有 95 次是正面，我们会很明智地认为使用的硬币是不匀称的。

第一部分 理解和控制人类的行为对于投资成功来说非常重要

错误 13
你是否把熟悉混淆为安全？

> 人们过于自信地将熟悉误认为是知识。人们因为使用了一家公司的产品或者理解了其战略，并因此通过投资这家公司而获利。我可以举出5个实例来证明这些知识是不足以支持你做出这项投资的。
> ——加里·贝尔斯基和托马斯·加勒维奇
> 《为什么聪明的人会犯大的投资错误》

当 AT&T 公司破产的时候，股东们分到的是宝宝钟声公司的股份，随后做的一项研究显示，每个地区的居民都持有多少不等的当地宝宝钟声公司的股份。各个区域投资者们都自信地认为他们地区的宝宝钟声会优于其他地区。你如何解释那些投资者们把大部分的鸡蛋放在一个婴儿篮里？

"熟悉滋养投资"的其他例子还有，亚特兰大的居民持有可口可乐公司的股份，圣路易斯的居民持有多少不等的安海斯·布希公司股份。显然你在亚特兰大投资可口可乐公司并不会比你住在圣路易斯更安全，而你住在圣路易斯投资安海斯·布希公司的股份也不会比你住在亚特兰大更安全。相同的偏差导致全球的投资者过分看重本国的股票，通常只安排了大约10%资产投资国际股票，这种情况对于美国投资者来说接近50%。

投资者往往认为本国的股票比起国际化的投资要更安全、也更好。一个研究表明，美国股票的预期回报在美国投资者眼中是 5.5%，但在日本和英国的投资者眼中分别只有 3.1% 和 4.4%。同样的，在日本投资者眼中日本股票的预期回报率是 6.6%，但是在美国和英国投资者眼中各自只有 3.2% 和 3.8%。熟悉导致过分自信（或者说是一种安全的错觉），而缺少了解导致一定程度的高风险。

很多投资者避免添加国际化投资到他们的投资组合里，因为他们认为国际化投资的风险过高。这个看法是否准确呢？黛布拉·格拉斯曼和雷里·迪克的一项研究表明，美国投资者分配到境外和本土的证券与资产组合的配置和他们的看法是一致的，境外证券的标准差比他们的历史价值要高1.5～3.5倍。为什么投资者会犯这样的错误？在郝什·舍夫林和梅尔·斯特曼的论文中说道：

> 境内外股票的区别是，已知风险的可能性与不确定对未知风险的可能性与不确定。对一只股票的熟悉让投资者的处境更靠近风险而不是不确定性，即使是相同的风险，不确定性厌恶的投资者相较之不熟悉的赌博，他们更愿意选择熟悉的。

学院派建议投资者在他们的投资组合里添加境外资产，因为它们确实能帮投资者减少风险。境外股票和本土股票的走势没有可比性，因此，在资产组合里添加境外股票应该会减小全盘资产组合的波动率（风险）。1998年秋天发表在《投资刊物》上的一项研究表明，试图判断境外股票分散化是否真正提供了理论上降低风险的效益。

该研究覆盖了1970～1996年时期，纽约联邦储备银行的大卫·拉斯特，调查了标准普尔500指数和摩根士丹利资本国际指数的各种资产配置的业绩，研究覆盖10%的标准普尔500指数和90%的摩根士丹利资本国际指数，以及20%标准普尔500指数和80%摩根士丹利资本国际指数资产组合，在每年的年底，每个资产组合会被重新组合，修正市场的变动以回归原始的资产组合。

在检验这项研究的结果之前，重要的是知道在这期间标准普尔500指数表现优于摩根士丹利资本国际指数（12.3%相较之12.0%）。另外，两个指数回报率的相关系数是0.48，这是一个非常低的数值。研究得出的结论是：

- 任何一种标准普尔500指数和摩根士丹利资本国际指数的组合要优于两者中任一单独的指数，由于低相关性。
- 增加40%的境外资产配置，提高了回报，减少了用标准差（波动率）衡量的风险。
- 增加境外资产配置从0～20%，减少了1/3亏损的可能性。

让大部分投资者惊讶的是，在一个资产组合里，添加表现不佳的境外资产却提高了回报率并降低了风险。

第一部分　理解和控制人类的行为对于投资成功来说非常重要

风险和预期回报

让我们假设你确实相信美国因为经济和政治的环境更好而投资更加安全（同时记住其他国家的投资者也都相信他们本国的市场更安全），你应该就此而得出结论，美国有更低的回报率。虽然这并不意味着美国不是一个适合投资的地方，但是片面地认为美国对于投资来说更加安全，而且提供更高的回报率这是不合逻辑的。因为风险和预期回报应该是相关的。

对于把境外资产类别放进投资组合还有另一种观点。美国投资者在本国市场拥有他们所有的智力资本。他们通过受雇来创收的能力和美国的经济环境紧密相连，他们可能拥有一套房子在他们的资产中占有很大比例。如果美元在货币市场上贬值了，不但增加了进口的成本，而且减少了来自于廉价进口产品的竞争压力，允许本国生产商提高价格。这些事件的组合降低了居住的标准，持有境外资产的行为对冲了这样的风险。

投资境外股票当然会涉及风险，但是投资本国股票也一样，而且有证据表明在投资组合里添加境外股票会降低整个投资组合的全局风险。我们这么想：分散化是一种保险，而我们确保只针对坏事情。国际分散化给我们提供了一个保险，以防美国市场和美元表现糟糕。

聪明的投资者也会犯的错误

错误 14
你相信你是在玩赌场的钱吗？

在盖瑞·贝斯基和托马斯·季洛维奇的《半斤非八两》中讲述了一个这样的传说。到了在拉斯维加斯度蜜月的第三天，这对新婚夫妇在赌博中已经损失了1000美元。那晚，在床上，新郎注意到新娘的裙子上有一个发光的物体，那是她存下来作为纪念的5美元的筹码，数字17在筹码的正面。带上这个吉祥物，新郎穿上他的绿色浴袍冲下楼去来到轮盘赌桌旁，把筹码放在17的方框上。果然，那个球击中了17，35比1的赔率，他获利175美元。他继续赌下去，而这个小球又一次停在了17，获利6125美元。如此继续下去，直到幸运的新郎赢得了750万美元。不幸的是，楼层经理介入了，声称如果他再次击中17的话，赌场没有足够的钱来支付。这个新郎仍然穿着浴袍，打出租车去了另外一家金融状况更好的赌场。这一次他把所有的钱都下注到17，当球掉进18时他失去了全部。身无分文且沮丧灰心的新郎走回到酒店房间，"你去哪儿了？"他的新娘问道。"玩轮盘。""玩的怎么样？""不错，我损失了5美元。"

这个"穿着绿色浴袍的人的传说"解释了"心理账户"。在这个身穿绿色浴袍的人的故事里，心理账户让他认为他损失的750万美元只是"赌场的钱"，而不是他的。正如下面的例子说阐述的，投资者犯的是相同的错误。

拉里的一个好朋友要不就是足够幸运，要不就是足够聪明买到了5美元一股的思科。股票的价值在他的净资产中占一小部分，当这只股票升到每股80美元时，他持有思科的仓位已经在他的投资组合中占了很大比例。当被问及是否会在当前的价格再买入一部分思科的股票，他拒绝了。然后拉里说，如果他不再买入任何思科的股票，他一定是相信要么这只股票已经估值过高，要么他当时已经拥有过多的这只股票，以至于把他的所有鸡蛋都放在一个篮子里而承受过多的风险。尽管有这样的逻辑推理，拉里的朋友还是坚定地拒

第一部分 理解和控制人类的行为对于投资成功来说非常重要

绝卖出部分思科股票,原因是他的成本只有 5 美元每股,而股价需要下跌 95% 才会给他造成损失。然后拉里就问他是否也有一件绿色浴袍。

几个月以后,思科降到 13 美元每股,而他仍然持有。现在,这个人是拉里认识的人里最聪明的一个,心理账户让他犯了和穿着绿色浴袍的男人一样的错误,他认为他未实现的收益是"赌场的钱"而不是他自己的。正如穿着绿色浴袍的男人本来可以拿着他的筹码把它变现,拉里的朋友同样本可以在 80 美元时卖出思科股票变现他的盈利。

相信你在玩的是赌场的钱这个心理账户的错误,可以通过开发和有纪律地按照投资策略和再平衡表来避免,如果单个资产的仓位增长超过你建立的计划中承受范围的最大值,纪律与策略会让你带着"赌场的钱"起身离开。

聪明的投资者也会犯的错误

错误 15
你是否让你的友谊影响你选择投资顾问？

很多人很难把友谊和商务区分开来。无法控制这种情绪的成本是昂贵的，正如下面的故事所讲述的。

里克和菲尔已经是三十几年的朋友了，他们每个新年一起吃午饭庆祝。2002 年 1 月上旬他们聚在了一起，不可避免地话题转向了投资。里克和菲尔分享了各自的投资经历，马文，是他俩共同的老朋友。以下是他们的对话：

里克：你去年怎么样？

菲尔：我还不错。

里克：不，具体点儿，我是说你获得的年回报率是多少？

菲尔：你懂得，我不知道。

里克：那么过去 10 年你的回报率是多少？

菲尔：我不知道。

里克：我也不知道，直到我终于决定计算我的投资回报率，而我可以告诉你我很不满意我所发现的。我想 20 世纪 90 年代的牛市让我们自满了，我们享受的名义回报率看起来很好，当然是从历史的角度来看。我发现无论是我持有的股票还是共同基金的回报率都低于市场收益率。表面上看我做得还行，其实我应该能够做得更好。"幸好"前几年的损失让我得认真对待这个结果，我已经决定换一个新的财务顾问。我咨询了那些经历过较好的结果并对他们的财务顾问满意的同事和朋友，我已经安排几个见面了。

菲尔：你是说你确定要炒掉马文？

里克：是的。

菲尔：你怎么能这么做？你们已经是长时间的朋友了。小子，你这样做太狠了。

里克：是的，我知道这样太狠了。但是，这件事情我是这么想的：如果

第一部分 理解和控制人类的行为对于投资成功来说非常重要

马文真的当我是朋友,他应该想到什么是最适合我的。而如果我们的友谊仅仅他是我的股票经纪人,那么他就不再是我的朋友。如果友情的价格——所有我付给他的佣金和费用——是拿我的退休金和过我期望的生活方式的能力来冒险的话,那么这个成本太高了。

菲尔:我理解你,但我还是不会这么做。

接下来的一年,里克和菲尔又碰面了,他们的谈话再次转到了投资。里克告诉菲尔他已经雇用了一个他心仪的金融顾问公司,这是因为他的资产组合里股票的部分下降了11%。他满意自己改换顾问的这一决定有三个原因,第一个是他的股票资产组合下降了11%,股票市场同期盈利下降了两倍多,这是几年来他的投资组合第一次跑赢市场。

第二个让里克满意的原因是,这是他人生中第一次真正有了一个合适的理财计划。这个计划是为他的独特状况而量身定做,同时它整合进了一个精心设计的房地产和税收计划。

第三个原因是,他已经适应了被动投资策略,而且他不再关注股票市场,这使得他能够花更多精力在他的高尔夫和他的妻子身上,因此这两个方面他都做得更好了!

菲尔接下来问里克,当他告诉马文不再雇用他作为投资顾问时,他怎么样了。正如预期,马文觉得非常失望,里克发现他们的友情完全基于他们的商务关系。里克借给菲尔《你所需要的成功投资策略的唯一指引》的复印本和他的投资顾问名片。

菲尔读了这本书,他有了很多的感悟,但他仍然什么都没做。他只是很难炒掉一个朋友,而2003年是一个更好的年份。

又到了2004年1月,他们每年的午饭时间。这次妻子们参与了。话题又转到了投资,里克问起菲尔关于他对投资顾问是否已经有了决定。菲尔说他还没有,因为2003年是很好的一年,他的股票资产组合上涨超过了25%。里克指出,这已经是一个很好的数字了,而菲尔的全球分散化资产组合上涨了两倍,超过49%!菲尔的妻子,菲利斯向里克解释了更多关于他的方法,那些他所坚持的,强调了精心设计的计划的每一部分。里克的妻子补充道,她也更加开心了,因为里克不再花时间看CNBC或者阅读金融刊物。

当菲尔回到家,菲利斯问起他关于他们的投资以及他们的投资组合与里克的投资组合的业绩上的区别,这是她第一次向菲尔问起关于他们的投资组合的业绩。尽管投资在她退休后过上期望的生活方式的能力中扮演了重要的角色，她之前也从来不过问。菲尔讲述了整个过程。当他讲完了，她告诉菲尔她要打电话给里克的顾问来安排一个见面。

接下来他们双方见了面，菲尔和菲利斯对这个顾问的投资策略的逻辑和能力印象深刻。他们和这位投资顾问握了手并告诉他，他们很快会再见。当他们回到家，菲利斯告诉菲尔她对这个顾问印象深刻，并且认为他们应该立刻更换顾问。菲尔同意，因为他也印象深刻，但是他没有办法亲自面对马文，并告诉他再也不是自己的顾问了。菲利斯让这个决定变得简单了："要么你做，要么我做。"

投资者尽管发现投资结果不好，但他们经常依然沿用同一个顾问，因为炒掉一个作为顾问的朋友是很艰难的，而更加艰难的是炒掉一个亲戚。这个故事的寓意是，你最好认真评估这些关系的真实成本，切记，真正的朋友会想什么最适合你，而不是把他们自己的利益凌驾于你之上。

第二部分　无知不是福

第二部分　无知不是福

错误 16
你是否能看见闪亮的苹果里的毒药？

在经典童话《白雪公主和7个小矮人》中，邪恶的皇后到了白雪公主住的村舍，装扮成一个叫卖的老太婆，尽管白雪公主已经被7个小矮人警告过不要为任何人开门或者接受任何人的礼物，但她还是去开门了。皇后利用了公主的天真来对付她并引诱白雪公主咬了一口毒苹果，进入睡死状态的白雪公主只能被一个爱的亲吻叫醒。

这个故事的寓意是，孩子们要警惕那些来敲门用亲切引诱他们的老妇人，更有可能的是，老妇人有一个幕后动机。经纪自营商知道单个投资者缺少足够的债券市场知识，这使得吸引这些客户像引诱白雪公主一样简单。对于投资者的不幸是，白马王子不会骑着一匹白马来拯救他们，或者他们的资产组合。

经纪人玩的游戏——基于你的开销

经纪人利用投资者的天真有几种方式：第一种是通过溢价（当投资者买债券时）和折价（当投资者卖债券时）。证监会并不要求经纪自营商公开所加载的溢价或者折价的量，结果是债券交易成本可以像冰山一样，最大的部分隐藏在表面以下。

当你购买债券，风险在于唯一要求公开的是交易成本（一项管理费用，而不是佣金），大部分的投资者假设这是他们产生的唯一成本，名义上的金额是25美元或者更少。然而这明显只是冰山一角。溢价和折价可以很大，因为避免滥用的法律途径很少。下面所讲的事很可能会使大部分的投资者震惊。

在2002年5月的裁决中，证监会管理法规的法官莉莲驳回了美国证券交易委员会和市政证券规则制定委员会对洛杉矶经纪人的欺诈指控。麦克恩总结说：“对市政债券的溢价和折价在 1.87%～5.64% 的范围内都不算过分，并没有违反证券欺诈法。”

经纪人还有其他几种方法将客户的钱转移到自己的口袋里，首先涉及到多久到期的债券经纪人更愿意卖出。投资者需要意识到溢价或者折价对于债券收益率的影响是和它距离到期日剩余时间呈负相关的。例如，一个债券距离到期日还有 1 年的时间，一个百分点的溢价或者折价对于收益率的影响也就是 1%。然而，对收益率的影响随着到期日变长会减小，因为溢价部分被"摊销"在更长的时期里了。看看下面这个例子。

一个债券还有 1 年到期日的回报率是 3%，按面值交易，即使只有 1% 的溢价都很难隐藏，而到期回报率会下降 1%～1.98%。另一方面，如果一个债券还有 10 年到期，到期收益率下降到大约 2.85%。而如果债券还有 25 年到期，到期收益率会下降到 2.93%。到期日越长，对到期收益率的影响就越小，溢价就越容易隐藏。

现在，设想经纪人想要在同样的债券上有 4 个百分点的溢价，这对于还有 1 年到期的债券比较难，因为到期收益率可能会是负的——投资者需要支付 104 美元，而 1 年后归还 100 美元以及 3 美元的利息。另一方面，对 25 年到期债券的到期收益率的影响每年仅有 0.31 个百分点。

当经纪人卖债券给单个投资者时，很难猜测哪个到期日是经纪人想要促成的。不幸的是，投资者不只停止了支付昂贵的交易费用，而且他们也停止了承受更大的价格风险。有一个例子是我们采访一个 86 岁的债券持有者，我们发现有很多的债券到期时间超过 20 年，没有很好的理由对于一个 86 岁的老人来说持有到期时间超过他预期寿命的债券。另外，对于这位投资者来说，最大的风险是通胀，而越长期的债券通胀的风险越大。

并且，作为典型案例，投资者和高信誉的公司的经纪人应该有一个长期的合作关系，不幸的是，他错误地相信了两者的关系和这家公司。

双重收费

《宋飞传》中，拉里最爱的片段是，乔治被发现对他的筹码双重收费。有一个客人指出乔治的行为是拿其他客人的健康来冒险。经纪人同样涉及到双重收费——一个实际的例子，拿投资者的财富冒险。让我们来看看在债券的世界里，双重收费是怎么运作的。

第二部分　无知不是福

经纪人通过销售赎回日期非常接近到期日的溢价债券来吸引个人投资者。债券的溢价销售是相对于市场利率高息票（吸引力）的结果，高于市场的息票意味着发行人将很可能有机会赎回债券。我们来分析下面这个例子。

一个还有 25 年到期的债券带有 6% 的息票率。现在相似的债券的市场利率是 4%，而这个债券能够在 1 年以后以 101 美元赎回。尽管较高的息票率（高于当时市场利率 2%）和较长的到期剩余时间，由于接近赎回日期和债券被发行人赎回的可能性较高，这个债券的销售不应该高过赎回价格 101 美元太多。让我们假设债券以 103 美元成交，而经纪人决定增加 5 个百分点的溢价并把债券按 108 美元销售给投资者，到期收益率大约 5.6%，超过当前的市场利率，这个债券几乎肯定会在 1 年内赎回。假设它以 101 美元的价格被赎回，投资者通常会获得 6% 的息票率，而实际价格变为 7%，从而产生的净损失为 1 个百分点。如你所见，投资者确实以一个负回报率卖出了债券！这并不如你所想象的那么罕见。但它变得越来越糟糕，当债券被赎回，经纪人会建议投资者接受这个赎回，同时投资者还必须把现金再投资，而经纪人则可以收取新投资的佣金，从而获得双重收费。

各种原因表现，买债券的谨慎方式是确认这个债券是否可赎回，你是否至少有 80% 的赎回保障（例如，如果距离到期还有 10 年，距离最早赎回日期至少还要有 8 年）。

如果你在乎是否被占了便宜，这里有个解决方案。我们建议你带上现在持有的清单以及原始交易记录去找一个独立的理财顾问，顾问可以分析你所持有的资产，判断我们讨论的这类问题是否已经发生（包含隐藏附带的溢价和折价）。

对于之前发生的这类问题，似乎做什么都太晚了，一旦你意识到经纪人对你的支出所使用的把戏，就再没有任何理由允许他们继续下去，他们也许会组织你到夏威夷旅行一趟，而不是为经纪人的旅行买单。

聪明的投资者也会犯的错误

错误 17
你是否把信息误以为是知识？

> 杰出的媒体新闻就是一个轻率的流程，它通过提供一些噪音来吸引人们的注意力。
>
> ——纳西姆·尼古拉斯·塔勒布
> 《被愚弄的随机性》

> 每个人都知道的事情就是不值得知道的事。
>
> ——伯纳德·巴鲁克

在投资的世界里，信息和知识是有很大区别的。信息是事实、数据或者某人的观点，知识从另外一个角度讲是有价值的信息，混淆两者是重大的错误。让我们来看看什么是我们所说的"信息悖论"。

有效市场假设的核心是：新信息是被快速地向公众散播，并且价格完全调整到新的点位，如果在这种情况下，投资者只可能在运气最佳的时候或者有内幕信息的时候（基于内幕信息交易是非法的）才能持续地跑赢市场。逻辑性的结论似乎对于大多数投资者来说是不合逻辑的：如果信息是有价的，它就失去了本身的价值，因此我们有了信息悖论。

这里有个很简单而且合逻辑的关于信息悖论的解释：有价的信息而没有价值的原因是除非只有你一个人知道，市场已经把它整合到价格里。挖掘信息的另外一个方式是，用与市场全面反映的不同的方式来表达它。以下的例子解释了信息悖论的逻辑。任何曾经根据经纪人（或者来自金融刊物，CNBC的客人等等）的建议购买过股票的投资者都与这个场景相关：

经纪人：我们必须买 IBM。

投资者：为什么我要买 IBM？

经纪人：我们负责分析 IBM 的分析师是个天才，她以全班第一名的成绩毕业于哈佛大学的 MBA。她还以班上第一名的成绩毕业于麻省理工学院，获得了电子工程的博士学位。她在 IBM 的产品开发部门工作了 10 年，在市场和销售部工作了十几年。接下来她加入了我们公司成为了我们的电子类分析师，她亲自参观了所有 IBM 的工厂和研发设备，她也参观了所有竞争者的工厂。她甚至阅读了所有 IBM 主要客户的评估，及他们对 IBM 的产品和服务的感觉，以及新订单的状况。而她还与 IBM 的供应商们见面，来评估他们的工作质量。股价现在是 100 美元，随着 100 个源源不断的新产品和销售的增长，导致股价上涨到 200 美元也是物有所值。

投资者：这听起来很棒！那我们买 1000 股吧！

让我们假设经纪人所说的一切全都是真的，但你忽略了这些预言有一个逻辑性的问题，那就是这幅画面的逻辑结构有些不恰当。我们假想的另一个版本电话能解释为什么，这个版本无论如何对所有投资者来说会是完全不熟悉的，而且会是他们从来没有听到过的。

经纪人：虽然我们有一个非常聪明的分析师分析 IBM，而且还有其他 65 个非常聪明的分析师也一起帮我们分析 IBM，他们都有来自顶尖学校的 MBA 学位，而且经验丰富，他们都高薪且深受激励，他们都勤奋地工作，并努力收集信息，他们都有和我们的分析师相同的经历。如果其他的分析师认为 IBM 的股票价值 200 美元，这只股票应该已经按这个价格交易。难道你认为所有这些聪明的人会让一只价值 200 美元的股票按 100 美元交易而没有冲过去买它？IBM 按 100 美元交易的原因，是整个市场认为它只值 100 美元，而不是 200 美元。然而，我们的分析师认为市场的其余部分犯错误了，只有我们的分析师真正知道这个事情，而其他聪明的分析师简单地误解了这些信息，我们确实需要买 IBM。

投资者：……（电话盲音）

我们认为，如果你听到的是第二段对话而不是第一段对话，那么从安全考虑，你与其同意买 IBM，不如笑一笑然后挂断他。你会注意到，无论如何，虽然第二段话更可能反映事情的真相，但这样的对话从未发生，为什么？让你了解真相对于经纪人来说并不是有利的，他会赚不到钱。

这里有另外一种方式来考虑股票经纪人的意见。让我们假设经纪人确实把投资者的利益放在心上，而且真的相信他的公司的分析师是伟大的分析师，能够搜出别人搜不到的信息，能够更好地解读这些信息。虽然有可能所有的经纪人都把他们的客户的利益放在心上，而且相信他们公司的分析师是最好的，但不可能所有的分析师都高于平均水平，更不用说最好的。你能相信摩根士丹利的分析师比高盛和杰纳斯要好而且知道得更多吗？事实上，没有关系，真正的问题是明确的证据表明任何一个人绝不可能会随着时间的推移，能够给市场错误定价的证券重新定价。

以下经纪人的建议有另外一个问题。假设你确实买了 IBM 的股票而它继续升值，现在怎么样？既然 IBM 有大约 50：50 的机会跑赢市场，你如何知道分析师的正确预言是基于技能而不是运气的缘故？很多分析师仅仅因为一次建议而成名。这里有很多例子，但是也许最引人注目的是艾兰娜·葛莎莉，当葛莎莉女士还在希尔盛雷曼公司工作时，她正确预测了 1987 年的大崩盘。希尔盛雷曼公司开始广泛兜售她预测市场走势的能力，并为了她成功的预测奖励她管理一个共同基金。让我们看她的记录。

截至 1994 年的 6 月 30 日，她所管理的基金，美邦银行希尔盛部门分析基金仅在她负责的过去 5 年里升值了 38％，低于道琼斯工业指数 50％。在 1996 年 5 月，道琼斯工业指数超过 5700 点，这个著名的市场大师，离开了希尔盛雷曼，她开了家自己的公司，建议她的客户积极投资。几乎同时，市场遭遇了一个急剧的调整，下降了近 400 点。于是，她调转方向，建议她的客户卖出。再一次，市场掉头向上，直到 11 月，道琼斯指数超过了 6500 点。1997 年 1 月，市场已经接近 7000 点，葛莎莉又一次转变方向建议她的客户买进。直到 4 月，市场又下跌至低于 6400 点。

下次你看 CNBC，听到分析师或者基金经理兜售买某只股票的 100 个理由时，谨记信息悖论和以下三点：

（1）想要比别人更有见解不是不可能做到，但是非常的困难。因为证券分析师和许多其他聪明而且积极性很高的分析师研究的股票相同，在所有专业而且积极的经理人的竞争中确保市场价格是基本正确的价格。

（2）设想你刚在国家电视台听到新的有见解的信息，尽管这个本来也不太可能是个秘密，而它再也不会是了。同样的类推，你还可以放在那些高知名度的出版物，如：《巴伦周刊》《商业周刊》《财富》《福布斯》《财经杂志》或者《精明理财》。

（3）前空间基金咨询公司联合主席，雷克斯·辛克费尔德指出："仅仅因为这里有一部分比其他人聪明的投资者，他的优势才不会显示出来。市场过于宽泛而且过于信息有效性。"

让我们看看把"谣传"误解为有价值的信息要付出多么大的代价。布莱德·巴伯和特伦斯·奥丁研究"所有闪亮的东西：注意力和新闻对个人与机构投资者购买行为的影响"假定个人投资者可能是他们所谓的"引人注目的"股票的净买家。

他们的主要发现是个人投资者倾向于成为股票的净买家，在那些关注度高的日子里：

- 股票交易量高的日子。
- 跟随股票极端波动的日子。
- 股票在新闻报道里出现的日子。

当着眼于那些经历着异常大的交易量的股票时，巴伯和奥丁发现个人投资者购买这类股票的量是销售的近两倍。

巴伯和奥丁还发现个人投资者倾向于成为之前的大赢家和大输家的股票的净买家。遵循同样的模式，个人投资者同样倾向于成为某些日子里出现在新闻里的公司的净买家，无论新闻是好是坏。

不幸的是，投资者并没有意识到有效市场是如何运作的。他们没有理解吸引他们注意力的信息已经被整合到股票的价格上了——股票市场对新信息的反应速度是惊人的。对在纽约证券交易所上市的 100 家公司和纳斯达克上市的 100 家公司的盘后交易公布季度收入声明的研究表明，价格回应的主要部分在集合竞价时就已经表现出来了，对于在交易进行时发布的收益声明，结果并没有什么不同。对于纽交所的股票，价格的调整发生在刚开始的几个声明发布之后的交易时段。对于纳斯达克的股票，价格的调整集中在声明第一次发布后的交易时段。

结果是，投资者错误地把信息（引人注目的新闻）当成他们用来购买被低估的（错误定价）股票的依据。不幸的是，巴伯和奥丁在他们的研究里一再地发现这导致了糟糕的交易结果。

底线使个人投资者对市场谣传的关注带来了负面的结果，即使在交易成本产生之前。如果投资者忽略这些谣传，他们不仅会收获更高的受益率，而且还会过上更有成效的生活（开始把他们的时间放在更重要的事情上，而不是尝试跑赢市场）。

聪明的投资者也会犯的错误

错误 18
你是否相信财富蕴于星级评定当中？

> 20世纪90年代以统治地位出现的品牌不是富达，不是百能投资公司，甚至不是美林证券，而是晨星公司。
>
> ——罗伯特·博森
> 《共同基金业务》，1998年

> 我持有去年表现最佳的基金。不幸的是，我是今年才买进的。
>
> ——无名氏

也许选择共同基金最常见的方法就是依靠晨星公司所提供的为大众所接受的评级服务。晨星公司利用一套与影评家们所使用的评级系统相似的评级系统来为基金评级，兜售四星和五星评级的广告随处可见。投资者们必须相信，星级有其预测价值。一项1995年1~8月的研究发现，97%的资金流入了四星和五星的基金，而三星基金的资金则流出了。

问题是，你应当把自己的财富押注在星级评定上吗？晨星公司自身向我们提供了证据，证明了星级评定是一个多么成功的策略。

每年6月份，晨星公司都会检验它的评级系统运作得怎么样，它会看一看每一个等级小组前几年的表现怎么样，会把那些被评为五星级基金的业绩和那些仅被评为一星级基金的业绩进行比较。

让我们来看一看部分比较的结果。最有趣的是，晨星公司兜售它们2004年的评级结果——它所评定的五星级国内基金的回报率比一星级的基金每年高2.8个百分点。但晨星公司没有强调的是，截至2009年，那些2004年被评为五星级基金的年回报率连续5年仅为3.2%，且那些基金现在排名41，表现仅优于所有主动型管理基金中的59%。换句话说，五星评级是一个糟糕的未来评级预测指标。我们可以这样断言，是因为研究显示，一般的主动型管理基金的表现低于其对应的基准回报率超过每年1.5个百分点。因此一组低劣的基金表现优于主动型管理基金中的59%这一说法其实是明褒实贬。

而2004年的那一组基金是晨星公司还在夸耀的，2007被评为五星级的那一组基金到目前为止的表现已经完全低于被评为一星级的那一组基金！2005年被评为五星级的那一组基金的回报率此时已经连续3年仅为3.1%。更糟糕地是，2006年组被评为五星级的那一组基金的回报率已经连续3年仅为2.9%。

无可辩驳的证据表明，尽管主动型管理基金给了你业绩出色的希望，但它更大的可能性却是表现不佳。对于应税投资者来说，获利难度甚至会更大。沃伦·巴菲特在1996年的伯克希尔哈撒韦公司的年报中给出了这样的建议："绝大部分投资者，不管是机构投资者还是个人投资者都会发现，持有普通股的最好方式是通过一个收费最低的指数基金来持有。走这条路的人的净收益（除掉佣金和费用）一定会优于绝大部分投资专业人士的净收益。真的，成本很重要。"

最能说明这一点的是晨星公司2010年所做的一项研究，该研究将它的星级评定的预测价值和费用比率的预测价值进行了对比，晨星公司发现，费用比率是一个比星级评定更好的预测指标。

最终的结论就是，使用晨星公司的评级系统就像是看着后视镜向前行驶。

聪明的投资者也会犯的错误

错误 19
你是否依赖误导性的信息？

警告：收益报告中包含了没有被要求披露内容的偏差。美国证监会要求很多共同基金的广告中有这样的声明，没有这类的免责声明，大部分的投资者就意识不到，他们正基于对投资收益的完全虚报，或者至少是误导性的陈述来进行投资决策。由于数据的偏差，许多基金的收益报告都是失真的。让我们来看一看两个应当被要求强制性披露的偏差。

第一种称为生存偏差。那些业绩较差的基金公司会消失，通常都是通过把业绩不佳的基金并入一个业绩更好的基金。不幸的是，消失的只是业绩报告，而不是低回报率。让我们再来看一看生存偏差为什么如此重要。

1986年，理柏分析服务公司报道，当时存在的568只股票基金收益率为13.4%。到1996年，业绩从1986年魔法般地上升到了14.7%。而这1.3个百分点的增长是基于24%的原始基金消失的结果，以及基金10年后仍然存在的、1986年的业绩被用在新的计算之中这一事实的结果。

第二种数据偏差来自于众所周知的孵化基金。孵化基金是新创型的基金，是共同基金家族利用他们的自有资本创建的，不对外开放。

这里是一个关于这种基金如何运作的例子。一个基金家族创建几个小盘基金，这些基金可能甚至由一个经理人来运作，可能每一个基金各自持有一组小盘股。基金家族孵化了基金，这些基金免于公共监督。几年之后，基金家族让公众看到的仅仅是业绩最好的基金。神奇的是，其他基金的业绩消失了。不幸的是，证监会规定允许基金家族报告公开前的孵化基金的业绩。因此，真实性有了严重失真的可能性。

更糟糕的是，一个大的基金家族可能为一个微小的孵化基金分配相当大一笔热门的首次公开发行股票。由于孵化基金的资产数量很小，因此基金的回报率有可能会非常高，这样的基金一旦上市，回报率的真实性失真显然是意料之中的事情。幸运的是,证监会已经针对这一类的失真采取了行动。1999 年,摩根士丹利添惠的一个单位,凡坎彭成长基金,由于没有充分披露各首次公开发行股票在基金表现强劲的第一年获利中所扮演的角色,被证监会罚款 12.5 万美元。基金以孵化基金的形式开始运作是在 1996 年,同年这种基金增长了 62%。滥用该体系的另外一个例子出现在 2000 年 5 月,当时德雷福斯同意支付将近 300 万美元来解决来自纽约州检察长和证监会对该公司没有充分披露或者虚假披露各 IPO 在回报率方面所扮演的角色的指控。在一项基金对公众开放之前禁止对收益做广告似乎是解决这种失真报告的合理方法。

正如你所见,即使基金家族按照现有的证监会的法规来操作,依然存在投资者实际回报率失真的可能性和业绩重复的可能性。更加详尽的披露或许有帮助,但由于许多投资者都不阅读附属细则,因此,如果这样的行为直接被制止,将会更好地服务于公众。意识到潜在的数据偏差至少可以有助于阻止糟糕的投资决定。

当你听到一则关于某个共同基金或是某一组基金的业绩宣传时,要确保它们所展现的数据不含有以上所说的偏差。另外,你应当非常认真地对待证监会对于使用过去的业绩作为预测指标的警告。正如我们已经证实的一样,由于充分的理由,这种警告是必需的。

聪明的投资者也会犯的错误

错误 20
选择共同基金时你是否只考虑交易费用？

> 我们都知道，主动型管理基金的佣金费用很高。业绩不佳，但却并不便宜。你必须为糟糕的业绩支付昂贵的费用。
> ——雷克斯·辛克费尔德

> 最低水平的费用是实现最高业绩的捷径。
> ——约翰·柏格

许多投资者都知道，对于投资而言，成本很重要。为了跑赢基准回报率，主动型管理基金的经理不仅要能选对股票和成功地抓住市场时机，他们还要在这样做的同时，收回为他们的努力所支付的成本。

在决定选择共同基金的时候，很多投资者只考虑了交易费用，这个错误的主要原因很有可能是交易费用是目前唯一披露的费用。不幸的是，交易费用不仅仅只是众多成本之一，而且在许多情况下，它还只是所涉及的成本中最小的一种成本，尤其是对于应税账户来说。其他成本费用——交易成本、税收和现金成本——都是没有被披露的。尽管如此，但这些成本是真实存在的，而且在较低的回报率当中很明显。

让我们来看一看共同基金投资者所承担的其他费用和这些费用对收益的影响。

现金成本

最难了解到的隐性成本就是现金成本。当共同基金持有一个现金头寸而不是把资金完全投入到市场当中的时候，现金成本就产生了。罗司·韦尔默的一项研究表明，对于一般的主动型股权投资管理基金来说，非股权性持有让它们的年回报率减少了 0.7 个百分点。持有的现金头寸越大，对回报率的影响就越大。不幸的是，主动型管理基金过去的平均现金持有量可能不是将来盈利的一个好指标。因此，当你考虑购买某种主动型基金的时候，可以使用韦尔默的判断。而由于指数基金或是其他被动型投资方式实际上进行了充分的投资，因而其现金成本可以被忽略。

交易费用

一般的主动型管理投资基金现在的换手率大约是 100%，所有换手的成本——佣金、买卖差价和市场影响成本——能够轻松超过 1 个百分点。由于典型的被动型管理投资基金是企图复制指数，因而其换手率在 3%～25% 之间（被动型大盘股成长基金的换手率更低，而被动型小盘股价值基金的换手率则更高）。

晨星公司研究了主动型管理投资基金的换手率的负面影响。它把共同基金分成两类：那些平均持有期超过 5 年的（换手率小于 20%）和那些平均持有期少于 1 年的（换手率大于 100%），在超过 10 年的时间内，晨星公司发现，低换手率的基金平均年回报率是 12.87%，而高换手率的基金平均每年仅获得 11.29% 的回报率。

对于那些进行国际化投资的基金来说，交易成本通常要高得多。不仅佣金和买卖差价通常都比美国国内高得多，而且一些国家还征收所谓的印花税。另外，各种费用可能会很高。例如，在英国佣金平均为 35 个基点（译注：100 个基点等于 1 分钱，或 1 个百分点），印花税为 50 个基点，而托管费为 6 个基点，总共 91 个基点，这甚至还没有考虑买卖差价的成本。

市场影响成本

主动型管理基金会比指数基金产生更大的"市场影响"成本。市场影响就是当共同基金想要买卖大量的股票时所产生的。基金所进行的买进或是卖出将促使股票价格高于它当前的买价（拉高）或低于它当前的卖价（压低），从而增加交易成本。市场影响成本会变化，这取决于很多因素（基金规模，资产类别，换手率，等等），而且市场影响成本可能会相当大。

调研机构巴拉注意到，在一个相当典型的案例中，一个资产为 5 亿美元、

聪明的投资者也会犯的错误

每年换手率在80%～100%之间的中小盘股票基金，可能会因为市场影响成本遭受3%～5%的损失——远远超过大部分基金每年的费用。

由于没有详细的数据，因此很难估计一个基金的市场影响成本。然而，你至少能把高换手率作为一个影响成本大小的指标。此外，基金所持股票的市值越小，影响成本就越大。

税收

不幸的是，还没有说完全部的基金费用。事实上，还没有提及的对应税账户来说通常是最大的费用——税负。举个例子：在1998年6月30日结束的15年期间，先锋标准普尔500指数基金提供了税前16.9%的年回报率，该基金每年因交税失去了1.9个百分点的收益。它的税后回报率为15%，这意味着该基金的税收后的效益为89%。一般主动型管理投资基金提供13.6%的税前回报率，而税后回报率仅有10.8%，每年因税收失去2.8个百分点的收益，导致税后仅有79%的效益。庆幸的是，税后收益的数据现在可以从晨星公司这样的服务公司获得。最近，它们已经成为证监会要求报告的一部分。

可以说，投资的长期目标是为了让我们篮子里的鸡蛋增加。然而，太多的投资者却只关注于产出更多的鸡蛋（获得高回报），而无暇关注永远会抢劫鸡舍的狐狸（成本）。而如果你忽视狐狸，很快就会什么都不剩，以至于无法产出更多的鸡蛋。你可以通过分析一项基金的换手率和税后效益来避免这个错误。你可以利用这一章的信息，估算投资一项基金的总成本。

第二部分 无知不是福

错误 21
你是否没有考虑到一种投资策略的成本？

> 绝大多数共同基金设法从投资者手中获得巨额资金，结果回报给投资者的却是令人震惊的损失。也就是说，共同基金向他们的投资者收取高额费用，但却通常不能实现跑赢市场的回报率。
>
> ——大卫·斯文森，耶鲁大学基金首席投资官

可以产生高于市场回报率的投资策略对于投资者来说显然很有吸引力。由于策略创造者有很好的技术，投资者经常采用他们的策略——但所有策略却总是带来令人失望的结果。正如我们已经证实的，其中一个原因就是，过去不是未来业绩的一个很好的预测指标。此外，投资者容易把技巧归为运气的作用，因为很多策略所依靠的基础可能是随机事件的结果。还有一个原因就是：尽管策略本身不产生成本，执行策略却会产生成本。让我们来看一些例子，这些例子证明了从一种可以跑赢市场的策略到跑赢市场的结果是一段很长的路，第一个例子涉及《商业周刊》。

2000年6月24日，《商业周刊》当期包含了一份对吉恩·马西尔1999年选股的分析。文章得出结论，马西尔的选股结果"非同一般"，因为他们注意到，马西尔所选股票的表现远胜于道琼斯工业平均指数和标准普尔500指数。

拉里·帕特南，指数基金网的一名撰稿人，他认真研究了《商业周刊》的评论。在分析共同基金或是挑选股票的时候，重要的是要确保是同类比较，这是《商业周刊》没有做到的一点，因此它提供了误导性的信息。帕特南把马西尔所挑选的155只股票的价格表现和它们对应的基准回报率进行了比较。下面是对他发现的一个总结：

☞ 在马西尔挑选的155只股票中，有85只（55%）是在纳斯达克和美

国证券交易所交易的。它们是典型的小盘股和技术相关股。

☞ 其他的 70 只股票（45%）在纽交所交易。这些是更加典型的大盘成长股。

☞ 当你把马西尔挑选的股票与 55% 在纳斯达克交易的股票和 45% 的标准普尔 500 指数所组成的资产组合进行对比时，他所挑选的 155 只股票 6 个月内的价格平均应该上涨 25.5%。

马西尔所挑选的股票上涨了 26%。相比预计中 25.5% 的上涨，报道出的马西尔所选择的股票那 26% 的上涨看起来也就没有那么"非同一般"了。重要的是要注意到，马西尔所挑选的股票在它们公开之后的一天平均上涨了 8.8%，投资者利用首日价格上涨获利是极不可能的。

他的股票挑选还忽略了交易成本（买卖差价）和佣金。你若考虑到马西尔挑选的股票几乎有一半的价格都低于 15 美元，大约 1/3 的价格都低于 10 美元，这一点就是非常重要的。如此低价的股票是典型的非常小的小盘股，它们要承受比大盘股更高得多的交易成本。例如，当时市值最大的 10% 的股票的买卖差价估算的交易成本为 0.65%，然而，对于市值最小的 10% 的股票，其交易成本达到了 4.3%，几乎是大盘股的 7 倍之多。此外你还要考虑到必须追加佣金（买和卖）。

一旦你扣除所有估算的交易成本，马西尔的惊人的回报看起来也就不再那么惊人了。事实上，采用任何合理的成本估算法，实施马西尔的策略都会产生低于相应基准回报率的回报。需要考虑的另外一点是，该分析忽略了这样一种积极的股票选择策略所包含的潜在税务问题。帕特南的研究指出了投资者有多么容易被模糊不清的信息所误导。

前面提及的罗司·韦尔默所进行的研究，就是一个没有考虑到实施一种投资策略的成本的例子。他的研究结果证实了其他关于证券分析师的选股技巧的研究结果：

☞ 在实施研究的 20 年里，其中 13 年主动型基金经理挑选的股票表现都优于标准普尔 500 指数。这 20 年间，其回报率平均每年优于标准普尔 500 指数 0.7 个百分点。

☞ 由股票选择技巧（利用个人投资者的错误）所提供的 0.7 个百分点的收益抵消不了该过程中所产生的费用。

韦尔默的研究表明，主动型经理人的回报率被减少了大约：

- 0.8个百分点的基金运营费用。
- 0.8个百分点的交易成本。
- 每年0.7个百分点的持有非股票资产的成本。主动型经理人通常都会持有一部分的现金（或者现金等价物），以便在等待发现他们认为被低估的证券时捕捉市场时机，或是持有现金作为储备金，以便满足股东的赎回要求。有些经理人甚至持有长期固定收益投资工具，以便表现优于股票。

费用总的负面影响是每年2.3个百分点，而研究并不包含税收的影响，税收将对回报率有一个额外的负面影响。

关于"从策略到结果是一段很长的路"最有趣的例子或许就是韦德·库克财经网页，它要求投资者为两天的股票交易讨论会支付7995美元。该公司的广告宣称，它们的部分学员获得了每月15%的回报。然而，它提交给证券交易委员会的10－K年度财务报表却显示，韦德·库克财经2000年在市场上损失了200万美元，即它自有资金的89%。"要么就是韦德无法遵循它自己的、它宣称容易遵循的体系，要么就是这个体系无法发挥作用。"华盛顿州立证券部门执行官和北美证券管理协会主席德布·波特纳如是说道。

最终的结论就是：从策略的理论结果到取得实际结果通常有一段很长的路要走。下次你读到某种跑赢市场的策略时，要谨记这一点。

聪明的投资者也会犯的错误

错误 22
你是否把大公司与高回报投资混淆了？

投资者最持久最不正确的信念之一是"成长"股提供了（或者说有望提供）比"价值"股更高的回报。成长型股票是那些有着高市盈率或低账面市值比的公司的股票，而价值股是那些经营困难的公司的股票，这些股票按低市盈率和高账面市值比来进行交易。问题来自于混淆了成长型公司所产生的收益和这些公司的股东们所获得的收入。让我们来解释一下。

成长型公司的收益确实大于价值型公司。例如，于2010年结束的那一个时期，成长型股票的资产回报率是每年9.2%，与价值股3.7%的资产回报率形成了对比。然而，同一个时期，价值型股票投资者的年平均回报率是14.9%——比成长型股票投资者10.7%的年平均回报率高出40%。

对于这个表面看起来反常的状况的解释是，投资者对价值股的未来预期收益的折现率高于他们对成长股的未来预期收益的折现率，这不仅仅是抵消了成长型企业较快的盈利增长率，高折现率还导致价值股的低估值。投资者为什么会在计算价值股的现值时，使用一个较高的折现率？以下的例子应该可以提供一个清楚的答案。

让我们考虑两个相似的公司的案例，沃尔玛和凯马特，大部分的投资者都会认为沃尔玛是一个经营好得多的公司，是一个更加安全的投资对象。如果两个公司的市值相同（假设是200亿美元），某个投资者可以买进任何一个公司的股票，那么他显然会选择沃尔玛。它不仅具有更高得多的经营性获利，而且有望产生更快得多的未来收益的增长。意识到了这个机会的投资者就会买进沃尔玛的股票（推升它的股价），卖出凯马特的股票（压低它的股价）。

现在让我们假设沃尔玛的市值相对于凯马特上升，直到两者拥有相同的预期未来收益率——假设沃尔玛的市值上升到了400亿美元，凯马特的市值为100亿美元。鉴于沃尔玛被认为是更好的公司，因此它是一个风险更低的投资对象，投资者仍然会选择沃尔玛。原因是尽管我们现在有相同的预期收益率，但持有沃尔玛含有更低的预期风险。因此，投资者买进沃尔玛和卖出凯马特的行为将会持续下去，直到持有凯马特的预期回报率足够大于持有沃尔玛的预期回报率，诱使投资者接受更高的风险。价格差异的大小与预期风险的差异直接相关。鉴于沃尔玛被认为是比凯马特更加安全的投资对象，价格差异可能必须要非常大才能诱使投资者接受持有凯马特的风险。

这样的价格变化会让沃尔玛相对于凯马特"被高估"还是"被高度评价"？答案是"被高度评价"。如果投资者认为沃尔玛相对于凯马特被高估了，他们就会卖出沃尔玛而买进凯马特，直到实现平衡。相反，沃尔玛的相对估值高反映了较低的预期风险。沃尔玛的未来收益被以一个低的利率折现，反映了它有较低的预期风险。低的折现率体现了低的未来预期回报。风险与预期回报是负相关的。凯马特的未来收益被以一个很高的利率折现，因此它有一个相对低的估值，反映了它有更大的预期风险。然而，它也就有了一个高的未来预期回报。

价值型股票有三个非常常见的特征，都与处于困境中的企业相关：股息的波动性高、债权比率高、收益的波动性高。高预期风险体现为投资者要求的高风险报酬、低现价以及高未来预期回报。

我们希望你现在明白，为什么尽管成长型股票有着更高得多的收益增长率，但却提供了且有可能继续提供比价值股更低的回报率。这是一个简单的关于风险的故事。

关于成长型股票，投资者还有一个相关的问题，他们想知道，成长股价格高，为何还会被认为是安全的投资对象？对这一点的解释是，投资者混淆了业务（经营）风险与价格风险。凯马特的业务风险高于沃尔玛。因此，凯马特的股票价格会下降，直到投资者得到对经营风险的补偿。

另一方面，股票风险或者说价格风险随着市盈率的增大而增加。这个概念可以用一个和固定收益市场相关的类比来说明。长期债券比短期债券在价格上有更大的价格风险——期限越长，风险越大。例如，如果利率升高1个百分点，1年期的中期票据的价值将下降大约1%，10年期的票据将下降大约7%，而30年期的债券将下降大约13%。这就是成长型股票和价值型股票的类比。

成长型股票就像是长期固定收益产品。因为它们的高市盈率和低账面价值比，它们的价值很多是衍生自很远的未来的预期回报。另一方面，对于价值股，因为它们的低市盈率和高账面价值比，它们的现值的大部分来自于清算价值和近期的预期回报。如我们所见，当利率上升时，长期的（持续时间长的）固定收益资产的价值下跌程度大于短期固定收益资产。股票也是如此，当你对未来收益的折现率增加（不论是因为无风险利率还是风险溢价上涨）时，成长股的价格下跌幅度会大于价值股。因此成长股比价值股有着更大的价格风险，这类似于长期国库券比短期国库券有着更大的价格风险。

成长股被认为有更大的价格风险还有一个原因。公司无法实现其预期收益的预期可能性越低，风险溢价越低，股价就越高。极端地说，一只几乎没有预期风险的股票可以说是能够"完美定价"。简单地说，这样的股票几乎没有任何意外上扬的空间。如果一切如预期中一样，你就会得到低回报（因为风险溢价低）。另一方面，如果出现了任何问题，风险溢价都可能急速上升，而股价则会急剧下降，这就是我们进入新千年之前，按极大的市盈率交易的纳斯达克100股票中所存在的价格风险一样。相反，由于价值股如此廉价，当风险溢价进一步上升时失望的可能性会小很多，且价值股有大量的意外上升的机会（当风险溢价下降，价格会大幅上升）。

一些价值股票如此廉价是因为它们有如此高的风险预期，如果风险溢价下跌，它们会有很高的上涨潜力。

让我们再来看一看为什么有着高市盈率的成长股会有高价格风险的另外一个例子。要记住，高市盈率既反映了市场对收益快速增长的预期，又反映了投资者对低经营风险的感知。任何密切关注市场的人都观察到了，经常是当一只成长股哪怕只是差几分钱没有实现它的预期回报，它的股价都会急剧地下降——看似与收入中小小的差距远不成比例。

解释很简单。让我们假设有一只高价科技股，它的预期收益为每股1美元，此时的价格为每股100美元。我们再假设实际收益只有0.90美元，该收益的差距可能促使价格下跌到90美元，使得市盈率仍为100。不过，收益的差距也可能影响到风险溢价。让我们进一步假设商业风险的预期上升使得风险溢价上升，以至于市盈率下降到仍然过高的80，虽然市盈率只下降了20%，价格却不会只下跌20%，价格会由于市盈率下降和收益差距的共同影响而进一步下跌。股价实际会下跌到72，暴跌28%。引起这样的陡直下跌的是风险溢价（对经营风险的认知）的上升，而不是收益中那10%的差距。

希望我们已经解决了看似难题的价值股和成长股的风险问题，以及它们的预期收益问题。综上所述，高经营风险感知和应用于估值的高风险溢价使得价值股的价格被压低。同样，高的风险溢价也可以创造高的预期回报。低经营风险感知和被应用于估值的低风险溢价使得成长股的价格被抬高，是高价创造了这样的感知，即成长股比价值股的价格风险高得多。然而，你需要明白的是，投资者认为成长型股票出现这种经营风险的可能性要小得多，如果他们感觉到风险会变大，价格就会更低。

要记住一个简单的原则，它能够帮助你避免做出糟糕的投资决定：风险和预期回报应该是相关的。如果价格高，它们就反映了低的预期风险，因此你就应该期望低的未来收益。反之亦然，这就不会使得高价股成为一个糟糕的投资对象，而只会使它成为一只被认为有着低风险、低未来回报的股票，否则就会像认为政府债券是糟糕的投资，而去选择垃圾债券一样。

聪明的投资者也会犯的错误

错误 23
你是否明白支付的价格如何影响回报？

> 可能我们最常听到的问题是："股票价格能走多高？"对于天真的观察者来说，似乎没有最高价格。
>
> ——《纽约时报》，1929年8月21日

在预测投资回报时，许多个人投资者都犯了这样的错误：简单地根据近期的回报推断未来的回报。牛市使投资者预期更高的未来回报率，而熊市使他们预期更低的未来回报率。然而，你要明白的是，你为一项资产所支付的价格是对未来回报有重大影响的。

两个步骤决定了股票价格。第一，未来收益是预测出来的。这些收益的现值是用无风险利率（短期无风险投资产品的利率，如一个月期的短期国库券）加上一个风险溢价（风险溢价的大小与感知风险的大小相称）来折现计算出来的，无风险利率或是风险溢价越低，现值越高。反之亦然。让我们来仔细研究这是如何起作用的。

如果某类资产的风险溢价降低（由于投资者感知到了较低的风险），会发生两件事情：第一，由于此时未来收益以一个较低的利率折现，因此投资这一类资产的投资者会因该资产价格的一次性上升而受益。这就类似于利率降低对债券价格的影响。

第二个影响是对未来预期回报的影响。由于风险溢价是未来预期回报的反映，因此风险溢价的降低反映了更低的未来回报。这一过程与投资者认为某一类资产近期的出色业绩将延续到未来这一想法恰恰相反。

让我们来观察部分历史数据，看一看是否能够得出任何有用的关于风险溢价的大小和未来预期回报率的观察结果，或者至少是关于它们变化的观察结果。我们来查看市盈率和账面市值比的估值分析。

市场的历史平均市盈率一直是 15 左右。一项时间从 1926 年到 1999 年第二季度的研究表明，在市场交易的市盈率介于 14 和 16 之间时买进股票的投资者，在接下来的 10 年间所获得的回报中值为 11.8%，这明显接近于市场的长期投资回报。在 1926~2000 年这 76 年间，标准普尔 500 每年的回报率是 11.0%。

现在让我们来看一看投资者分别在预期风险低（比如在牛市期间）和预期风险高（比如在熊市期间）时买入股票所获得的回报率。在市盈率高于 22 时（当投资者极其乐观并踊跃地买进股票时）买进股票的投资者，在接下来的 10 年里所获得的回报中值每年仅有 5%。

相反，在市盈率低于 10 时买进股票的投资者，在接下来的 10 年里所获得的回报中值是每年 16.9%。在市盈率低于 10 时（当看起来似乎没有人想持有股票时）买进股票的投资者，其表现要比那些在市盈率高于 22 时（当看起来似乎每个人都在跳进股票池时）买进股票的投资者的表现好上差不多每年 12 个百分点。

通过理解并记住市场价格是如何被决定的，以及风险溢价是如何影响未来回报的，你就可以避免简单根据近期回报来推断未来回报这样的错误，这也有助于避免牛市带来的过度自信和熊市带来的过度绝望。最终，它将有利于让你记住买低卖高这种再也不能熟悉的陈词滥调。在熊市里买进就是低买，实施低买高卖策略最简单的方法，就是建立一个资产类别高度分散化并定期调整的投资组合。在定期调整投资组合的过程中，你会不自觉地卖出风险溢价下降而价格上涨（在一个相对的基础上）的资产类别，买进那些风险溢价上升而价格下跌（在一个相对的基础上）的资产类别。

聪明的投资者也会犯的错误

错误 24
你是否认为在投资中人多力量大？

大量的广告，交易的简易化，与 401（k）计划的成熟以及其他退休计划全都联合起来刺激着投资者的投资兴趣。随着分享成功的投资故事这一社会因素的出现，很可能助长了对投资俱乐部的兴趣，问题是：说到投资，是否人多力量大？布莱德·巴伯教授和特伦斯·奥丁教授在他们的研究《厨师多了烧坏汤：投资俱乐部的业绩》中寻求到了这一问题的答案。这一研究涉及了 166 个投资俱乐部，采用来自一个大经纪行 1991 年 2 月到 1997 年 1 月的数据。以下是对他们的研究结果的总结，该结果包含了所有的交易成本：

☞ 俱乐部平均每年比交易活跃的市场指数落后 3.8 个百分点，回报率为 14.1%；17.9%。

☞ 60%的俱乐部业绩比市场差。

☞ 当业绩被调整，以便反映风险因子的大小和价值时，即使不含交易成本，α（业绩高于或者低于基准回报率的部分）也为负数。在扣除交易成本之后，α平均每年为 4.4 个百分点。

尽管出现了积极型基金经理未能跑赢基准回报率的所有证据之后，这些结论并不出人意料，但这些结论确实与美国国家投资俱乐部协会的数据有所冲突。这项研究指出，《华尔街日报》和《纽约时报》上的几篇文章宣称，美国国家投资俱乐部协会的调查显示：60%的投资俱乐部表现优于市场，而不是 60%的俱乐部表现不如市场，这里有三个可能比较好的解释。

第一，因为对于积极型投资管理基金来说，可能存在数据的生存偏差——表现糟糕的俱乐部可能已经破产。第二，可能存在数据的报告偏差——相较于表现好的俱乐部，那些表现糟糕的俱乐部可能更不愿意公布结果。事实上，在所有的投资俱乐部中，只有 5%～10%回复了美国国家投资俱乐部协会的调查。第三，可能存在简单地将回报率计算错了的俱乐部。

在巴伯和奥丁的研究中，还有其他一些有趣的发现：

☞ 尽管俱乐部的交易比个人少（其年换手率为65%，而个人投资者的年换手率为75%），因而产生了较低的交易费用，但俱乐部的回报率却比个人投资者要低——这表明至少在投资方面，人少一些可能会更好。

☞ 如果他们在这一年里一直没有交易会好很多，年初的投资组合比他们实际持有的回报率高3.5个百分点。原因是他们卖出的股票的表现比他们买进的股票的年回报率高出4%。

结论是，投资俱乐部和单个投资者有其共同点——交易损害他们的财务健康。巴伯和奥丁得出结论："投资俱乐部有很多有用的功能，它们鼓励储蓄，为成员提供金融市场方面的教育，培养友情和社会关系，它们包容万千。不幸的是，它们的投资者并没有跑赢市场。"

聪明的投资者也会犯的错误

错误 25
你是否认为积极型投资经理人会保护你不受熊市影响？

我们首先承认，在熊市中，积极型投资管理基金一开始就比被动型投资管理基金更有优势，指数基金的价值会在熊市中下降，积极型基金经理人在熊市中所具有的优势，是保持现金储备来满足赎回要求和持有可用投资的现金，以备寻求买进下一只好的股票。而由于现金是牛市中表现糟糕的一类资产，因此，现金储备又是积极型投资基金经理人在牛市中表现不如市场的一个原因。然而，在熊市中，现金却无比重要。理论上来说，由于预先考虑到了熊市，积极型投资经理人能够减少他们的股票投资，使他们的投资者免受指数基金所经历的那一类损失（因为指数基金实际上总是把100％的现金用来投资）。不幸的是，录像带揭露，积极型基金经理人没有提供这类保护。让我们来看一些证据。

就在第二次世界大战之后的一轮最大的熊市之前（1973～1974年），共同基金的现金储备量仅有4％，在后来的市场低点时，他们的现金储备达到了12％左右。1998年年中，蔓延亚洲的熊市到来，此时的现金储备仅有5％。与此相比，就在史上最长的牛市开始之前的1990年出现市场低点时，现金储备达到了13％。似乎基金经理非常擅长于实施高买低卖的策略。

理柏分析服务公司的一项研究提供了进一步的证据，证明了即使有优势，积极型基金经理在熊市中仍然没有跑赢大盘。理柏公司研究了1978年的8月31日到1990年10月11日的6个市场修正（定义为至少10％的下降）中，发现当标准普尔500指数的平均损失是15.1％时，大盘股成长基金的平均损失是17.0％。

再考虑一下这一令人惊讶的证据。高盛研究了共同基金1970～1989年的现金持有量，研究发现，共同基金经理人把这期间出现的9个重大转折点全部都弄错了。如果你尽力了，不可能9个转折点全部都弄错！

《先锋投资视角》2009年春夏刊为我们提供了进一步的、更新的证据。《先锋投资视角》的研究涉及1970～2008年，研究了积极型基金在道琼斯威尔希尔5000指数至少下跌了10%期间的回报率，以及在摩根士丹利国际资本公司远东指数至少也下跌了10%期间的回报率，尽管已经考虑了数据中存在的生存偏差，《先锋投资视角》仍然发现：

☞ 一个积极型基金经理是在一个熊市中、熊市之前或之后的牛市中，还是长期的循环之内操作，根本不重要。结果证明，成本、证券的选择和市场时机的选择这三者的综合影响是一个很难克服的障碍。

☞ 成功至少可以部分由投资风格所解释。例如，在2000年9月至2003年3月之间的熊市当中，尽管整个美国市场的损失超过了42%，罗素1000价值指数却只下跌了21%。一旦与同风格的基准回报率对比，积极型基金就没有了持续跑赢市场的模式。标普的发现进一步证实了这一点：在2008年市场表现糟糕的情况下，9个国内股票风格样本中，有8个基金的表现都比市场更加糟糕，该结果与2000～2002年的熊市中的结果类似。

☞ 过去成功地克服了这一障碍并不能确保将来的成功。成功者从一个阶段到下一个阶段的损失程度表明，成功地渡过一个或者甚至两个熊市很可能只是与单纯的运气有关，而与技巧无关。

《先锋投资视角》得出结论："我们发现，几乎没有证据来表明积极型管理基金在市场承压时获得了传说中的盈利。"

面对如此多的证据，只有那些不愿意放弃长期持有观点的人们，才会继续相信积极型基金经理能够保护投资者不受熊市的影响。

> 聪明的投资者也会犯的错误

错误 26
你是否没有把你的基金与合适的基准进行对比？

最近的熊市给了积极型基金经理和他们的信徒另外一个机会来宣称此时又是一个选股者的市场了，积极型管理将被证明是制胜的策略。不幸的是，这是一个陈旧的谬传，时常重弹是为了维持积极型管理是制胜的策略这一神话，以及为了让投资者为糟糕的、反复无常的和避税效果差的业绩支付昂贵的费用。然而，当我们对这个问题进行适当的分析时就会发现，这个谬传是没有事实基础的。

积极型基金经理指出，他们在像1977～1979年间的成功——这期间分别有85％、69％和80％的积极型投资管理基金表现优于标准普尔500指数，还有1991～1993年间的成功——这期间分别有55％、54％和60％的积极型投资管理基金跑赢标准普尔500指数。他们声称那些年份是选股者的年份——这与1994～1998年截然相反，当时不超过22％的积极型基金完成了超越的壮举。声称这是选股者的市场的问题是，他们没有仔细审查，原因是宣称者使用的是苹果对桔子的对比法来做论据，得出那样的结论是因为把指数和标准普尔500的专属用法混淆了。

在1963年到1998年期间，其中只有14年（占39％）超过50％的积极型基金经理跑赢了标准普尔500指数。在这14年当中，有13年小盘股（作为代表的是1986年5月以前的美国证券价格研究中心6—10指数和之后的采用被动管理型DFA小盘股基金）跑赢了大盘股。唯一的例外就是1974年，当时有53％的积极型基金经理跑赢了标准普尔500指数，并且小盘股表现低于该指数2个百分点。

积极型基金在这14年间似乎跑赢了大盘的解释是，平均积极型管理基金持有的股票的平均市值小于标准普尔500的加权市值，同时决定收益上几乎所有差异的是资产配置，而不是股票选择或择时交易。当我们把这14年间积极型投资管理基金的业绩和一个小盘股基准的业绩进行对比时，就可以看出这一点。在这14年间，有超过50%的积极型管理基金表现优于标准普尔500指数。以下是我们所发现的：

☞ 一个小盘股指数（或者基金）在这14年中的12年里跑赢了积极型管理基金的平均水平。

☞ 积极型管理基金的平均水平同时跑赢了标准普尔500和小盘股基准的唯一两年是1966年和1974年——这两年都是小盘股和大盘股的熊市年。

☞ 其他还有小盘股跑赢了大盘股的7个年头。在这几年里，没有任何一年有超过50%的积极型基金经理跑赢了标准普尔500指数。

这些数据应该是意料之中的。当小盘股跑赢大盘股时，持有平均市值小于标准普尔500指数市值的股票的基金经理应该（而且确实）表现得更好。不幸的是，标准普尔500是错误的基准。积极型管理基金应该始终确保使用苹果对苹果的比较方式作为基准。小盘基金应该和小盘股指数进行比较，大盘股基金则应该和大盘股指数进行比较。这一点对于价值型基金和成长型基金也同样适用。

马克·卡哈特关于共同基金的经典研究断定，一旦你把风格因素（小盘股对比大盘股和价值股对比成长股）纳入考虑，积极型管理基金的税前平均表现就比它的基准每年低1.8个百分点。

为了进一步透视积极型管理，让我们来看一看更长期的与两个基准（威尔西尔5000指数和罗素3000指数）对比的业绩。这两个指数都是比标准普尔500更宽泛的指数。对于截至2000年的5年期、10年期和15年期，分别只有16%、16%和17%的积极型投资管理基金跑赢了威尔西尔5000指数；分别只有14%、14%和15%的积极型基金跑赢了罗素3000指数。这些数据应该足以说服几乎所有人相信积极型投资管理是一种失败者的游戏。

不是你不能赢，只是这么做赢的几率低到不值得玩。但是对于那些需要进一步证据的人来说，这些数据甚至还没有包含所有的坏消息。首先，这些证据是基于税前回报的。由于积极型管理基金本身就比指数基金避税效果更差，因此事实上在税后的基础上，跑赢指数基金的积极型管理基金的比率一定会更低。其次，这些数据涵盖了生存偏差，而生存偏差会进一步对回报率产生负面影响。

聪明的投资者也会犯的错误

为了避免犯这类错误，要确保你把一只积极型投资管理基金与跟它对应的被动型基准相比较。如果它是一只小盘基金，就要确保把它和标普600这样的小盘指数相比较。如果它是一只小盘价值基金，它就应该和标普小型股600价值指数这样的基准相比较，以此类推。

第二部分 无知不是福

错误 27
你是否专注于税前收益？

> 如果指数基金的回报率在税前看起来很高，那么它们的业绩在税后几乎就是不可超越的，这归功于它们的低换手率和因此而产生的缓慢的资本利得实现。
>
> ——乔纳森·克莱门茨
> 《华尔街日报》，1998年12月22日

> 当我还在摩根士丹利添惠的时候，我从来不曾遇见一个经纪人告诉客户换手率所产生的共同基金投资方面的问题，也没有经纪人告诉客户资本利得税的影响，以及税收在降低投资者的实际回报率方面的影响。简单地说，税后收益这个观念或者说概念被放到一边，被隐藏起来。
>
> ——特德·卢克斯，前股票经纪人，《揭露华尔街的运转》

我们的经验是，尽管事实是应税账户的投资者拿到的不是税前收益，只有税后收益，但绝大部分的投资者都专注于其投资的税前收益，根本没有意识到税收可以对收益有一个多么具有毁灭性的影响。让我们来看一看税收在决定税后收益中所扮演的角色。

尽管支付税收的影响在某一年里可能很小，但它在长时间后就会变得至关重要。查尔斯·施瓦布委托他人所做的一项研究表明了这种隐秘的攻击对回报的影响有多大。施瓦布衡量了62只股票基金在1963～1992年间的业绩，研究发现，对于高缴税级别的投资者来说，每一美元的投资会在延税账户中增长到21.89美元，但在应税账户中却只产生了9.87美元。研究还表明，对于高缴税级别的投资者来说，截至1992年12月的10年间，先锋标准普尔500指数基金的税后收益超过积极型管理基金92%。

一个截至1995年的25年仿真研究，考查了费用和税收对收益的影响，这项研究假设有一只虚拟基金：

- 业绩与标准普尔500相当；
- 换手率为80%；
- 产生1%的费用。

研究表明，典型投资者最终获得的回报只有该指数费用前和税收前的回报的41%，政府拿走了回报的47%，而且这个发现甚至没有考虑到州税和地方税对收益的影响，也没有考虑到投资者是否属于高缴税级别。

让我们来看几个涉及投资时限较短的研究。罗伯特·杰弗里和罗伯特·阿诺特在他们对1982~1991年这10年间的71只积极型投资管理基金的研究中表明了税收对回报的影响。他们发现，尽管这71只基金中有15只基金的税前收益超过了某只被动型投资管理基金，但却只有5只基金的税后收益超过了该被动型投资管理基金。

晨星公司研究了1992~1996年的5年时间，发现多元化的美国股票基金平均获得了91.9%的回报，于是晨星公司假设这些收入和短期收益被征收39.6%的税，长期收益被征收28%的税，结果税后收益减少至71.5%，收益损失了22%。如你所见，即使是在短期投资时限内，税收都能够大大降低回报率。

个人投资者正开始意识到基金分销费在税后业绩中所扮演的重要角色，这一直是交易型开放式指数基金、指数基金和其他被动型投资管理基金快速发展背后的推动力之一。很多基金家族通过组建同样是税收管理型的被动型投资管理基金，把这个问题带到了下一个层次。这些税收管理型基金尽量最小化基金分销费，最大化将以长期资本利得的形式存在的分配的比率。他们通过实施以下策略来达到这一目的：

- 维持低换手率；
- 尝试避免短期资本利得变现；
- 通过卖出低于成本的股票来确认损失，以便冲销其他证券的已实现收益；
- 卖出成本最高的已升值的股票；
- 在股息支付日前后进行交易；

☞ 确保来自于证券借贷的收入不超过基金的经营开销。

税收很可能是投资者所承担的最大费用，甚至超过管理费用和佣金。因此，忽略了税收对应税账户的收益的影响是你所能犯的最大错误之一。如果谨记以下几点，你就能避免这个错误。税负为积极型投资基金经理提供了一个几乎不可逾越的障碍，由于税收对回报的重要影响，同样是税收管理型的被动型投资管理基金应当是应税账户应该选择的投资产品之一。如果你确实选择采用积极型投资管理基金，这些基金最好是通过延税账户持有。在这种账户中，高换手率不会对税后回报有影响。

聪明的投资者也会犯的错误

错误 28
当你在做购买决定时，是否依靠基金的描述性名称？

> 如果你把羊的尾巴也叫作腿，一只羊会有几条腿？还是四条！因为把它的尾巴叫作腿，并没有让尾巴成为一条腿。
>
> ——亚伯拉罕·林肯

有几个学术研究已经得出结论，资产配置（投资资产如何在一个投资组合的各种资产类别中分配）不仅决定了回报的绝大部分，还决定了投资组合风险的绝大部分。

☞ 加里·布林森、伦道夫·武德和吉尔伯特·比鲍尔所做的一项研究《投资组合的回报的决定因素》证明，收益差异的94%都不是来自于择时交易和股票选择，而是来自于"资产配置"的决定。

☞ 在另一个对代表了700亿总资产管理额的31种养老金计划的研究中，小尤金·法玛发现，资产配置决定了97%以上的回报。

☞ 最后，罗杰·伊博森和保罗·卡普兰所做的一个研究，分析了94个平衡型共同基金的10年业绩和58个养老计划的5年业绩，最终得出结论：一个投资组合几乎100%的绝对回报都由资产配置所决定。

数字是94%还是100%其实并不重要，证据十分清楚地表明，资产配置决定了一个投资组合的绝大部分风险和回报。

鉴于以上结论，投资者要做的最重要的决定就是资产配置的决定，这将会决定投资组合的长期业绩。一旦投资者决定了自己的投资政策（资产配置），就必须选择用哪些基金来作为其投资组合的构建模块。一个选择涉及到实施积极型投资经理或者被动型投资经理的投资策略。如果投资者选择了被动型投资管理基金，他们就可以非常确信该基金将坚持特定的投资风格，因为该基金会简单地复制资产类别或它所代表的指数。积极型基金则没有这样的保证。对于积极型投资管理基金，在做选择的时候你甚至不能依靠基金的名字。让我们来看两个例子。

2001年4月，一名投资者想要持有美国大盘价值股，由于他相信基金的名称描述了其投资风格，该投资者选择了PBHG大盘价值型基金。2001年3月31号，该基金的加权平均账面价值比是0.14。当时最具"成长性"的前10%的股票的账面价值比是0.14或者更低。该基金显然不是价值导向型的基金。如果使用价值型的学术性定义——美国证券价格研究中心按账面价值比排列的前30名——一只基金的加权平均账面价值比为0.92或者更高才能被认为是价值型基金。即使采用更加宽松的价值定义，按账面市值比排列的前50%的股票，价值型股票也会被定义为账面市值比约0.6或者大于0.6的股票。相比之下，DFA大盘价值型基金，一只被动型资产类基金，其账面市值比远大于1。

另外一个例子。2001年3月，想要买进美国小盘股这一资产类别的投资者可能选择了阿奎那小盘股基金，该基金拥有约24亿的中等市值。没有任何小盘股（基金）的概念中会包括这样一只50%以上的股票都拥有这么大的市值的基金。事实上，这一水平将该中等市值股放在了美国证券价格研究中心排列的所有股票的前30%。相比之下，被动型管理的DFA小盘基金则有一个小于1亿美元的中等市值，而它的被动型管理微型股基金的市值是5000万美元左右。

一个恰当的类比是，把一匹黑马拉出来，漆成白色条纹，然后称之为斑马。当然，无论它是什么颜色，马还是马。我们从中得到的教训是，你不应当仅仅通过名称来选择一只基金，即使是一只指数基金。相反，你应当认真核查它的加权账面市值比和市值水平，这是辨别基金真正性质的最简单的办法。

聪明的投资者也会犯的错误

错误 29
你是否认为在无效率市场中积极管理才是胜利者的游戏?

即使很多积极型投资组合策略的信徒都已经承认,美国大盘股市场十分有效,以至于尝试通过积极型投资管理来增加价值不大可能产生积极的结果。然而,他们却坚持认为,在不那么有效的市场上,积极型管理有可能增加价值。积极型管理有效论在新兴市场这一资产类别上被强调的最多——假如真的有无效率市场的话,新兴市场就是"无效率"的资产类别。正如下面的故事将证明的一样,积极型管理的信徒们有一个主要的问题——没有任何证据来支撑他们的观点。

亚伦和大卫是好朋友。2009 年初,某一天下班后,他们一起去喝酒。亚伦告诉大卫,由于他的投资组合中的积极型管理共同基金的业绩糟糕,他决定解雇他的理财顾问。他告诉大卫,最近和他的注册会计师见了面,该会计师几年前扩大了他的业务范围,开始做投资咨询。该注册会计师解释了证券市场是如何的有效,以及为什么积极型管理可能会导致低于基准回报率的业绩,这一解释说服了亚伦。亚伦继续解释说,该注册会计师把他已经持有的基金的回报和可比较的指数基金及其他被动型管理基金的回报进行了比较,尤其是在税后的基础上,比较结果让他相信,是时候停止设法跑赢市场了。他打算做一个被动的,买入持有的投资者。

大卫认为自己是一个知识渊博的投资者,他同意追踪指数是投资发达国家大盘股的一个好策略,但是在新兴市场上,信息的竞争要少得多,因而积极型管理无疑可能是制胜策略。亚伦尊重大卫的学识,认为他言之有理。亚伦回到他的注册会计师那里,问他被动管理这一策略是适合每一种资产类别,还是只适合大盘股。

该注册会计师告诉亚伦,"积极型管理在低效率市场中是否有效?"这一问题是他被问及最多的一个，于是他们约定第二天见面。他们之间的对话如下：

注册会计师：亚伦，如果一个市场是无效的，我们应当可以看见积极型管理基金在无效市场中表现优于被动型管理基金的证据。在准备我们的会议时，我使用了晨星公司的数据库，找到了54只积极管理型新兴市场股票基金1999～2008年这10年的交易记录清单，在这期间，积极型投资管理基金的平均回报率是9.1%。现在我们把这个回报率与空间基金管理公司经营的三只被动型投资管理基金的回报率进行比较，该公司的新兴市场价值型基金的回报率是13.4%，优于94%的积极投资管理基金。新兴市场小盘股基金的回报率是11.5%，优于76%的积极投资管理基金，而该公司的新兴市场基金回报率是9.5%，优于62%的积极投资管理基金。

亚伦：好的，你说服我了。但是你能否帮我理解，似乎新兴市场的信息竞争要比美国大盘股市场的信息竞争少得多，但为什么这些基金的业绩却如此糟糕？

注册会计师：亚伦，这个问题很好。答案是，尽管新兴市场中可能存在信息效率低下，但却有证据清楚表明，积极型投资经理人并未能够持续利用这种效率低下。我认为这里有三种简单直观的解释：第一，新兴市场的交易成本一般来说要比美国市场和其他发达国家市场高得多。因而，必须跨越的障碍也比较大。第二，在任何一个新兴市场中，一般都没有那么多有足够的流动性的股票让一个积极管理型投资基金购买。这就限制了积极型经理人通过证券选择来增值的能力。第三个解释是，积极型管理基金通常都有高得多的经营费用。

小结

我们可以从这些数据中得出三个结论：

1. 新兴市场不像积极管理型基金经理人所宣称的那样无效。
2. 运作一个新兴市场基金的成本与这些国家流动性低的市场中的交易成本，两者加起来太大，以至于一旦再考虑其他费用（包括税收），积极型管理投资基金经理人就不太可能为基金增值了。
3. 由于积极型投资管理基金的换手率比较大，交易成本对它们的影响要大于对被动型投资管理基金的影响。

> 聪明的投资者也会犯的错误

　　华尔街和金融媒体有很多经久不衰的神话，积极型管理在低效率市场上是制胜的策略只是其中一个。如历史证据所论证，积极型管理即使在所谓的无效市场中都极不可能跑赢大盘。事实上，这些证据暗示，积极型投资基金经理人在"无效"市场上的表现与他们在发达国家的更有效市场上的表现一样糟糕。

错误 30
你是否能明白市场有效性的残酷性?

行为金融学研究的是人类行为和这些行为如何导致了投资误差,包括对资产的定价误差。定价异常为那些相信有效市场假说的人们提出了一个难题。然而,对于投资者而言,真正的问题不是市场是否持续地发生定价误差。相反,真正的问题是,在考虑了各种账户真实成本之后,能否利用这些误差和异常来获利。换句话说,假如行为金融学是要使得价值成为被动投资的一种备选投资策略的话,那么我们就应该能观察到那些成功运用了这一理论并且获得了超额收益的投资者。

《行为金融学:信徒们从这一学说中获利了吗?》这一研究的作者们找出了16只自称或被媒体称之为行为金融共同基金的基金——尝试利用行为金融学领域的发现来获利的基金。

作者们分析了这些行为金融基金,以便确定这些基金是否成功吸引到了投资资金,以及这些基金采取的策略是否为它们的投资者带来了超额收益。下面总结了他们的研究发现:

☞ 相较于指数型基金和相应的积极型管理非行为金融基金,行为金融基金成功吸引了比率高得多的投资资金。投资者明显相信定价误差是可以被持续利用来获利的。

☞ 尽管这些行为金融基金的收益率的确要高于标准普尔500指数基金,但更高收益率的解释其实是它们十分严重地依赖于账面市值比因子(意思是他们持有大量的价值股)。在对风险进行调整以后,它们并没有获得超额收益率。

☞ 行为金融共同基金其实就相当于价值投资,仅此而已。

这只是一个烟雾弹

虽然行为金融学在学术界获得了大量的关注,并且似乎正为更多的实践者所接受,但似乎并没有任何证据来支撑行为金融基金存在的理由——行为异常可以被识别并被持续利用。即使市场存在异常,也有两个简单而合理地解释来解释上述研究的发现。第一点是,策略本身没有什么成本,但执行这些策略是有成本的。纸上谈兵容易,但是执行策略的成本可能会超过(可利用的)定价误差的规模。第二点是,一旦发现某个异常并尝试去利用它来获利,这个行为本身就会降低甚至完全消除这个定价误差的规模。那些试图利用市场异常的人们几乎都必然会发现,市场的有效性是很残酷的。下面的例子就证明了这一观点。

有效市场的残酷性

理查德·泰勒是行为金融学领域的领军者之一。如同我们所讨论过的,行为金融学的基本假设是,由于人们的行为偏差,市场在证券定价上持续犯错。持续犯错的一个例子就是市场对于新闻的反应总是不足——好消息和坏消息都只是缓慢地反应在价格上。富勒-泰勒资产管理公司的成立就是为了利用这些误差来获利。

富勒-泰勒资产管理公司基于行为金融学理论提供了两个基金给投资者:未被发现的经理人行为金融成长基金和未被发现的经理人行为金融价值基金(注意:摩根大通于2004年1月收购这两只基金,但富勒公司继续作为二级顾问)。为了检验行为金融学理论,我们将这两只基金的业绩分别与空间基金管理公司的小盘股基金的业绩和小盘价值股基金的业绩进行比较,DFA的管理是基于相信市场是有效的,所以它没有在选股和择时交易上下功夫。因此我们就有了一个对行为金融学理论和市场有效性的恰当对比测试。

从2001~2010年的10年间,行为金融成长基金的年收益率为3.4%,这与DFA的小盘股基金的8.3%的年收益率形成了对比。行为金融价值基金的年回报率为9.4%,而DFA的小盘价值股基金的年回报率为11.1%。看来似乎显然没有任何证据表明这两只基金有利用市场无效来获利的能力。

进一步的证据

LSV 资产管理公司于 1994 年由约瑟夫·兰考尼肖科教授、安德烈·施莱弗教授和罗伯特·维什尼教授建立,他们三位已经联合发表了 200 多篇关于投资和行为金融学领域的学术论文,他们的研究是 LSV 资产管理公司投资策略的基础,他们的投资策略的基本假设是,可以通过系统化地利用影响许多投资者决策判断上的偏差和行为上的弱点来获得更高的长期收益。这包括了以下这些倾向:

- 认为过去的情况会延续到遥远的未来;
- 错误地将好公司等同于好的投资对象,没有考虑到价格;
- 忽视统计证据;
- 对一家公司形成一种思维模式。

他们认为,市场上持续地存在着不合理定价,而这些定价错误是可以被利用来获利的。

LSV 公司基本上是一家机构型的投资公司,它管理了 3 只共同基金:LSV 价值股基金、LSV 保守价值股基金以及 LSV 保守核心股票基金,LSV 公司首席执行官兰考尼肖科同时还管理着 HighMark 小盘价值股基金。

为了测试假定的市场无效能否被利用,我们可以将这些基金的业绩与 DFA 公司的被动管理型基金进行对比,因为 LSV 保守价值股基金和 LSV 保守核心股票基金都创建于 2007 年,且我们希望查看长期数据,因此我们将对比限定在另外两只基金上。

我们再来看一看 2001~2010 年这 10 年间的情况。LSV 价值股基金的年回报率为 5.2%,而相似的 DSF 大盘价值基金的回报率为 5.3%。我们再来看一看 HighMark 小盘价值股基金的表现,该基金的年回报率为 8.0%,而相似的 DFA 小盘价值股基金的年回报率达到了 11.1%——该行为金融基金的年回报率比被动型基金的基准回报率低了 3.1 个百分点。

基于这些证据,似乎利用市场无效性获利要比发现这些无效性难多了。

聪明的投资者也会犯的错误

已失败的探索

我们看到了一些著名学者如何在这一领域应用他们的市场无效性理论,以及如何未能成功获得超额收益,似乎也没有证据表明行为金融理论是一种具有可操作性的策略,也可以说,即使这一理论曾经真的发挥过作用,如今也不再可靠了。市场有效性的残酷性以及大众的智慧使得想要利用市场无效来获利变得非常艰难。

第二部分　无知不是福

错误 31
你是否认为对冲基金经理人会有更好的表现？

在投资基金领域，对冲基金是小而专的一隅，它吸引着众多的关注。对冲基金与共同基金有以下一些不同之处：

☞ 对冲基金通常不对个人投资者开放，除非他们有很高的净值；

☞ 不像典型的广泛分散化的共同基金，对冲基金的头寸通常高度集中，它们大量持有少数几只证券；

☞ 对冲基金对几乎任何一种类别的资产都有广阔的空间进行大的操作（不管是做多还是做空）——这些资产可以是大宗商品、不动产、外汇、国家债务、股票等等；

☞ 对冲基金的管理层通常都在基金中持有大量的股本，他们面临有限的监管，非常高额的经济激励，每年主要在1%～2%之间的管理费和20%的利润提成。

对冲基金经理人试图通过利用他们所认为的市场错误定价来跑赢标准普尔500这样的市场指数。研究对冲基金的表现看起来将是检验有效市场假说和积极型管理基金经理人是否有能力跑赢各自基准回报率的一种方法。

AQR资产管理公司做了一项截至2001年1月31日的5年期的研究，研究所使用的数据来自于瑞士信贷第一波士顿银行特里蒙特的数据库，该研究发现，对冲基金在这一时期的平均年回报率为14.7%，落后于标准普尔500指数大约4个百分点。此外，该研究还得出结论，许多对冲基金因投资于流动性极差的资产而承担了大很多的风险。看来尽管指数基金可能很无趣，但它们却成为了更好的投资工具。

2006年一篇名为《对冲基金的A、B、Cs：超额收益、系统风险系数和成本》的研究涵盖了1995年1月至2006年3月这一段时间，该研究发现，对冲基金的平均年回报率为8.98%，落后于标准普尔500的年回报率2.6个百分点。同样重要的一点是，该研究涵盖了2000~2002年的熊市（这是对冲基金应当有最佳表现的市场类型）。

最后，我们还有2003~2010年的数据，如下表所展示的，对冲基金的HRFX全球对冲基金指数的表现差于所有主要的股票资产类别。

2003~2010年	年回报率（%）
HFRX全球对冲基金指数	2.8
美国国内指数标准普尔500指数	6.7
摩根士丹利美国小盘股1750指数	12.0
摩根士丹利美国主要市场价值股指数	7.1
摩根士丹利美国小盘价值股指数	11.2
道琼斯精选美国房地产投资信托基金指数	11.1
摩根士丹利资本国际指数	10.0
小盘股指数	15.0
摩根士丹利欧澳远东价值股指数	10.4
摩根士丹利新兴市场指数	21.6

高昂的费用（通常占资产总额的2%左右）以及激励式报酬（通常为所获得收益的20%）吸引了很多成功的共同基金经理人加入到对冲基金的竞技场来，原本报酬为几十万美元的共同基金经理变成了收入几百万美元的对冲基金经理，然而遗憾的是，就如同在共同基金领域一样，他们在对冲基金上的表现持续性同样辜负了投资者的信任。引用纽约大学斯特恩商学院史蒂芬·布朗教授的说法："那些熬过了最初6个月的（前共同基金经理），半数没能熬过随后的两年。"而陪葬的就是投资者的资产。

小结

对冲基金因为其俱乐部似的排外性吸引着投资者的加入，它同时还具有高回报的潜力。然而遗憾的是，有证据表明，对冲基金经理并没有表现出比积极型管理共同基金经理更高的能力去获得高于市场的回报。投资于对冲基金的投资者所获得的收益低于市场回报的同时（在很多情况下），还承担着高很多的风险——尽管他们对此很可能并不知情。下面列出了他们所承担的一些风险：

☞ 对冲基金缺乏共同基金所拥有的日常流动性。

☞ 对冲基金缺乏透明性——透明性是谨慎投资决定所需要的。对冲基金因此使得其投资者失去了对资产配置的控制（因为投资者并不知道他们的资金被投到了何处）。

☞ 对冲基金倾向于投资高风险资产，而且经常因使用大量的杠杆而放大他们所承担的风险。

☞ 对冲基金没有很好地与股票结合起来。对冲基金与股票的相关性在一些不好的时期极容易变得很高。

除了这些风险之外，对冲基金避税的效果也非常差，而且其表现没有持续性，更像是随机预期的结果，这也就意味着想要事先辨别出少数几只会有更高收益率的对冲基金是不可能的。

当然，也会有少数的对冲基金经理会成功。然而，真正考验的问题有两个：他们是否真的比随机预期的结果更加成功？他们的表现有持续性吗？正如历史数据所展示的，这两个问题的答案都是否定的，因此投资者应该理性地避免投资于对冲基金。

聪明的投资者也会犯的错误

错误 32
你是否陷入了货币幻觉?

> 所有愚蠢的行为中,代价最沉重的就是相信那些明显不真实的事情。
>
> ——门肯

戏法或者魔术是一门通过表演令人困惑和吃惊的魔术手法来娱乐观众的艺术,它通常通过使人感觉到某些不可能完成的任务被完成了来达到其目的。特别是视错觉,其实就是欺骗你眼睛的把戏。然而,属于视错觉这一范畴的大多数魔术都是通过既欺骗你的眼睛又欺骗你的大脑来达到效果的。

幸好大多数的魔术幻觉并不会让参与者付出什么代价,除了被愚弄时可能会有一些尴尬。但是,投资策略若以幻觉作为基础的话,损害就可能非常大了,因为这会导致投资者犯下各种错误。在投资世界中存在着许多幻觉,数据挖掘的过程就创造出了不少这样的例子。很不幸的是,通过数据挖掘确定了在过去发挥作用的模式,并不一定会为分析股价未来走势提供任何有用的信息。正如麻省理工学院的金融学教授安德鲁·罗所指出的:"假设有足够的时间,做足够多次的尝试,以及拥有足够的想象力,我们几乎可以分析出任何数据组中的任何模式。"

股票债券市场上就充斥着各种固执己见的数据挖掘。第一象限集团的大卫·莱茵韦贝尔这样阐明了他的观点,他将此称为"愚蠢的数据挖掘工的把戏"。莱茵韦贝尔发现,历史上标准普尔 500 指数的最佳预测指标曾是孟加拉国的黄油产量。他的例子非常好地说明了,一种相关性的暂时存在未必会使得该相关性具有预测的价值。该相关性存在的合理理由是它必须要有确定性。例如,经济活动水平与利率水平就有着非常强的、合乎逻辑的相关性，随着经济活动的增加，货币需求会增加，因此货币的价格（即利率）就会上升。

很有可能造成投资错误的幻觉中有一种被称作货币幻觉，货币幻觉之所以很可能造成投资错误，是因为它与投资者最热衷使用的一种用来确定市场是被低估了还是高估了的指标有关，这个指标就是联邦储备模型。

1997年，在向国会提交的货币政策报告中，当时的美联储主席艾伦·格林斯潘指出，标准普尔500的价格与未来12个月的普遍预期收益的比率的变化与美国长期国债收益率的变化经常呈现负相关。根据这份报告的观点，摩根建富证券公司当时的一名市场战略家爱德华·亚德尼推测，美联储当时正在使用一个模型来判断市场是否被合理定价——即相对于债券来说，股票的定价多具有吸引力。这个模型就是后来人们所熟知的"联邦储备模型"——尽管美联储并未承认使用过这个模型。

由于使用的是股票与债券是两种相互竞争的投资工具这一"逻辑"，该模型使用了10年期国债的收益率来计算"公允价值"，并将其与股票的盈利价格比（即市盈率的倒数）对照。比如说，如果10年期国债的收益率为4%，那么公允价值就是4%的盈利价格比，或者是25倍的市盈率。假如市盈率高于（或低于）25，那么市场就被认为是高估了（或低估了）。假如10年期国债的收益率为5%，那么公允价值就应该是20倍的市盈率。这里的逻辑是，更高的利率为股票市场带来了更大的竞争，而这一点应该被反映在定价上。因此更低的利率也就应该对应更高的定价，反之亦然。

自从亚德尼创造了这一说法，联邦储备模型作为一个估值工具就开始变成了传统智慧，但是不幸的是，对于投资者而言，传统智慧经常是错误的。地球是平的也曾经是传统智慧。联邦储备模型有两大主要问题。

第一点与许多投资者如何使用该模型有关。亚德尼推测，美联储使用该模型来比较作为竞争性投资工具的股票与债券的估值问题，这个模型没有提到绝对预期收益率。因此如果使用联邦储备模型，股票定价可能相对于债券来说低于公允价值，但它们却可能会有高的或者低的预期收益率。但是，股票的预期收益率并不由它们与债券的相对价值来决定，而是由股票当前的股息收益率和股息的预期增长率来决定。很多投资者似乎都忽略了这一点，结果就是，认为低利率就意味着股票更高的估值，但却没有考虑到高估值会影响预期收益率的投资者可能会非常失望（他们可能会没有足够的资金来满足退休后的舒适生活）。现实是，当市盈率高的时候，预期收益率会比较低，反之亦然。

联邦储备模型的第二个导致得出错误结论的问题就是,它未能考虑到通货膨胀对公司盈利和固定收益投资工具的收益率有着不同的影响力。从长时期来看,公司盈利的名义增长率与经济的名义增长率是相一致的,公司盈利的实际增长率与经济的实际增长率也是相一致的。因此,从长远来看,盈利的实际增长率是不受通货膨胀率影响的;而另一方面,10 年期债券的到期收益率是一种名义收益率,因此债券的实际收益率是受到通货膨胀率的负面影响的,将一个不受通货膨胀影响的数字与一个受通胀影响的数字进行比较,这个错误导致了货币幻觉。我们来解释一下为什么会有货币幻觉。

我们先来假设 10 年期通胀保值债券(TIPS)这一无风险投资工具的实际收益率为 2%,如果预期长期通胀率为 3%,那么 10 年期长期国债的预期收益率就约为 5%(TIPS2% 的实际收益率加上 3% 的预期通胀率)。依据联邦储备模型,这就意味着股票的公允值为 20 的市盈率(盈利价格比为 5%)。现在我们重新假设预期长期通胀率为 2%,这将使得 10 年期国债的预期收益率从 5% 降至 4%,而公允值上升为 25 的市盈率,但这其实并没有任何意义。通货膨胀并没有影响到股票投资者所需要的实际回报。因此从长期来看,这也就不应该影响到股票的估值。

此外,如上所述,从长期来看,名义收益率的增长和通货膨胀之间有着很大的关系。在我们这个例子中,预期长期通胀率从 3% 变为 2%,预计会使得名义收益率的增长降低 1%。但是,从长期来看,这并不会影响到实际收益的增长(这是唯一重要的一点)。因为债券的实际收益率受通胀的影响,但(公司)实际盈利的增长却不受通胀的影响,因此联邦储备模型是将一个受通胀影响的数字与一个不受通胀影响的数字进行了比较,从而导致了货币幻觉。

另外我们再考虑一下,假如债券价格中的实际利率部分下跌会出现什么情况。实际利率反映的是对于资金的经济需求,因此也反映了经济的增长率。假如实际利率因为经济增长变慢而下降,利率就会下降,这反映了对资金的需求降低。使用上述同样的例子,如果通胀保值债券的实际收益率从 2% 降为 1%,那么由于预期通胀率降低了 1%,这将对名义利率有着同等的影响,进而对市盈率的公允值也会有同等的影响——会导致公允值上升。然而,这同样没有任何实质的意义。更慢的实际经济增长意味着更慢的公司盈利增长。因此,尽管低利率导致的竞争减少了,但未来盈利也同样减少了。由于从长期来看，公司盈利增长与名义 GDP 增长是一致的，因此 GDP 的长期增长率降低 1%，将导致公司盈利的预期增长率也降低 1%。这栏，利率下降带来的好处就被相同的未来预期盈利的降低抵消了。当然，反过来也一样成立，如果经济升温导致实际利率上升的话，利率上升的负面效果将会被更快的盈利增长所抵消。因此我们得出结论，如果投资者要求的实际回报没有变化，我们就没有理由认为股票的估值会有变化。

克利福德·阿斯内斯研究了 1881~2001 年的情况，他得出的结论是，联邦储备模型对于股票的绝对收益率没有任何预测力——传统智慧又一次错了。然而，正如我们所讨论过的，亚德尼认为这并不是联邦储备模型的使用目的。为了与该模型的设计目的保持一致，对阿斯内斯来说，更恰当的应该是根据该模型所发出的高估和低估的信号来研究股票和债券的相对表现。

阿斯内斯还得出结论，在 10 年的期限内，市盈率的确拥有很强的预测力。因此，市盈率越低，无论利率水平如何，股票的预期收益率都会越高。反之亦然。

还有另外一点需要考虑。经济形势变好会导致实际利率上升，同时也会促使公司的盈利预期上升。经济形势变好降低了股票投资的风险，这将促使投资者要求更低的风险报酬。因此，如果利率的上升是经济形势变好引起的，而不是由通胀率上升引起的，那么它实际上就有可能会带来更高的（而不是更低的）股票估值。但是，在联邦储备模型下，利率的上升就意味着股票的吸引力降低。当然，反过来也一样成立，如果经济形势变差导致实际利率降低，股票的估值就会下降。

小结

尽管知道一个魔术的奥秘就等同于毁了这个魔术，但是明白金融幻觉中的"魔术"对于投资者来说却是有益的，因为这将帮助投资者避免犯错。至于货币幻觉，理解了货币幻觉是如何产生的，投资者就不会再认为低（高）的利率环境要么会导致高（低）的股票估值，要么会带来高（低）的股票未来收益。相反，假如现在的价格水平比较高（高市盈率），投资者因此可以推断股票的未来收益很有可能会低于其历史水平。反之亦然。还有很重要的一点值得注意，即这并不意味着投资者应该在股票被"高估"的时候避免投资股票，或是在股票被"低估"的时候增加他们的股票配置，这仅仅意味着假如市盈率高于历史平均水平的话，投资者就不应该期望未来的收益率还能达到历史平均水平。

有许多因素影响到股票的未来收益。然而，我们希望你现在能够相信，联邦储备模型不应该被用来判断市场的定价是否处于公允价值。

第二部分 无知不是福

错误 33
你是否认为人口特征是决定因素？

1999年10月，《狂飙的二十世纪：盛世之年创造你想要的财富和生活方式》一书出版，作者是名叫哈里·登特的一位人口学家。这本书十分畅销，书中的主要投资主题既简单又有说服力：

☞ 首先，美国的人口正在迅速老龄化。
☞ 第二，老年人口将加大对特定产品和服务的需求，使那些行业受益——尤其是医疗保健板块公司的股票。由于需求量的大幅增加，这些公司的收入也将迅速增加。
☞ 第三，个人投资者可以通过投资这些板块公司的股票，来从这些趋势中获益。

这类型的投资建议就是遵循了我们所说的投资中的传统智慧——找出那些将受益于经济和其他趋势，进而收益将快速上升的公司股票。然而遗憾的是，正如报纸专栏作家唐·马奎斯所提到的："一种观点是不用对那些相信它的人们负责任的。"

让我们来设想一位投资者2000年收到了哈里·登特的书作为礼物。他阅读了这本书，并且对登特在书中所举的有说服力的案例印象深刻，尤其令这位投资者信服的是，不同于经济预测，人口预测可以被视为一门科学。他决定，为了最好地利用他所接受到的宝贵知识，他应该将全部的储蓄金投入到先锋医疗基金，这将使得他的资产集中到这个行业，从而让他最大化地从哈里·登特指出的趋势中获利。此外，先锋公司是一家非常受尊敬的公司，它旗下的基金以低成本著称。

作为预防措施，这位投资者还查看了这只基金的历史记录，从1995～1999年的5年间，这只基金提供的年收益率为24%，接下来的2000年，这只基金的收益率达到了59.3%。而这就像是冰淇凌圣代上的樱桃一样吸引着他。于是,这位勇敢的投资者在2001年1月1日大胆地将他所有的储蓄金投入了这只基金。让我们来查看一下记录,看一看这位投资者获得了怎样的收益,以及他是否因为承担了将所有资产集中到一个行业的风险而获得了回报。

从2001~2010年的10年间,先锋医疗基金提供的年收益率为4.9%,比标准普尔500指数每年平均高出了3.5个百分点,尤其令人印象深刻。但是如果将这一收益率与国内其他的资产类别进行比较的话,这一表现就不那么令人印象深刻了。下面的表格展示了国内5只由空间基金管理公司管理的被动管理型基金,5只由先锋公司管理的类似的指数基金,以及两个分别从两个基金家族中使用相同权重组建并每年再平衡的投资组合。

基金	年收益率(%)	基金	年收益率(%)
DFA 房地产	10.5	先锋房地产	10.7
DFA 小盘价值股	11.1	先锋小盘价值股	7.9
DFA 微型股	9.6	先锋小盘股	7.2
DFA 大盘股	5.3	先锋价值股	2.1
DFA 大公司基金(标准普尔500指数)	1.4	先锋标准普尔500	1.4
相同权重并每年再平衡的投资组合	7.8	相同权重并每年再平衡的投资组合	6.0

那么分散化投资的投资者表现如何呢?他们没有将所有的鸡蛋放在医疗股这个篮子里,因而明显承担了更少的风险。DFA投资组合的收益率比那位投资者高出了2.9个百分点,先锋投资组合的收益率则高出了1.1个百分点。从数据中我们不可能得出这样的结论:投资者因承担如此集中的风险而得到了报酬。此外,这个时间跨度中还包含了两次最糟糕的熊市,而医疗股一直被认为是"防御型"股票,会在这种时期为投资者提供保护。因此我们没有必要集中承受某一个行业的风险。

这同时也提醒了我们,不要犯下混淆信息与知识这样的错误。如果你阅读了哈里·登特的书,你会认为他的确言之有理。然而,在立即基于登特(或任何一位专家)有深刻见解的分析去投资某些个股或是共同基金之前,投资者还需要考虑下面这些问题:哈里·登特是唯一一个知道老龄化会导致对医疗的需求增加的人吗？是否所有的投资者都知道这一点？市场是否已经将这个知识反映在了现有的价格上？如果市场已经意识到这一信息，那么这一信息就已经被反映在了股价上。这样，这一知识就不能再被用来获利了。

小结

我们希望你已经明白，你永远也不应该将信息与知识混淆。拥有洞察力还不够，你只有在其他投资者还没有洞察到这一点的时候才能从中获利。假如你真的获得了这样的信息，这极有可能是内幕消息，而依据内幕消息交易是非法的。我们还希望你明白的是，广泛的分散化才是谨慎的投资策略。

聪明的投资者也会犯的错误

错误 34
你在挑选财务咨询公司时是否遵循了审慎原则?

当谈到房屋修葺的时候,人们可以被归为两大类型:雇佣专业人员型和自己动手型。当然,在自己动手型中,一定会有一部分人其实不应该自己动手,他们如果雇佣专业人员的话效果会好很多。

在谈到投资时,也有这两种类型。如同在房屋修葺中的自己动手型一样,投资中也有一些人不应该自己动手。他们认为不需要付钱让那些专业人士来做一些他们认为自己也能做得一样好的事情。然而遗憾的是,学术研究中的证据表明,仅仅只有极少数个人拥有成为成功投资者的知识和纪律。

还有一些个人投资者,他们认识到了自己既没有靠自己取得成功所需要的知识,也没有靠自己取得成功所需要的纪律。他们还认识到,一家好的财务咨询公司能够通过很多种方式为他们增加收益,例如使得他们可以专注在生活中更加重要的事情上。他们知道,即便他们真的拥有那些技能,可以自己去投资,但花在财务问题上的时间就是他们不能与家人和朋友在一起的时间,而他们更看重这些时间,而不是要支付给一家公司的成本。下面的建议就是提供给那些意识到了好的财务咨询公司价值的人们。

寻找一家可信的咨询公司

调查显示,在寻找专业的财务知识的同时,投资者也在寻找他们可以信任的人。然而,信任是一种无形的品质,它并不能像棒球手的击球率一样被量化。因此,我们建议你在寻找财务咨询公司的时候,要求它们做出以下 11 条承诺,这么做将使你最大程度地避免利益冲突以及实现你的财务目标。

1. 我们的指导原则是，我们的建议将永远以您的最大利益为出发点。

2. 我们按照信托标准为您提供服务——信托标准即一方能为另一方提供的最高法律责任。

3. 我们是只收取咨询费用的投资顾问——避免基于佣金的报酬可能产生的利益冲突。

4. 我们充分披露了潜在的利益冲突。

5. 我们的建议是基于最新的学术研究，而不是我们自己的见解。

6. 我们以客户为中心——我们不卖任何产品，除了建议。

7. 我们高度关注客户的个性化——每一位客户都有一组专家与之配合，并且会与组员建立起很好的个人关系。

8. 我们投资自有资产，包括我们基于同一组投资原则的利润分享计划，我们把自有资产投资到那些我们推荐给客户的证券或是类似的证券上。

9. 我们将建立一份投资计划，这份计划将与遗产、税收和风险管理（保险）计划相结合，整个计划将完全按照您特有的情况来打造。

10. 我们的建议始终以目标为导向——不独立评估每个决策，会考虑每个决策对整个计划成功的可能性的影响。

11. 我们的综合财富管理服务是由金融理财师，个人理财专家，或者其他有类似头衔的专业人士所提供的。

小结

一定会有一些投资者，他们有相关的知识、时间、兴趣，以及纪律来制订一份投资计划，并将其整合到一份精心设计的涵盖了遗产、税收和风险管理的计划当中，然后持续地管理着这份计划（调整以及通过确认税收损失），并注重成本和避税的效果，同时还不断调整这份投资计划，以便应对环境的变化和时间的变化。然而遗憾的是，有证据表明，真正拥有这些技能的人比自以为拥有这些技能的人少得太多了。

幸好，如果你通过聘请专业的咨询公司获得了最好的服务，那么好的建议就不见得很昂贵了。但是，不好的或是不可靠的建议几乎总是会让你付出昂贵的代价，不管你为这些建议支付的费用有多小。因此，在选择一家咨询公司之前，你应当做好充分的尽职调查。尽职调查不仅应当包括要求咨询公司向你做出我们前面提到的 11 项承诺，还应该包括仔细阅读该公司的 ADV 文件——一份说明公司信息的披露文件，包括该公司的投资策略、收费标准、利益冲突、监管事件等等，小心仔细的尽职调查能够将以后不得不做各类昂贵补救的风险最小化。

第三部分 在制定投资策略时所犯的错误

第三部分　在制定投资策略时所犯的错误

错误 35
你是否明白主动管理的算术？

> 无论真理终点何在，我们不畏惧追随真理；只能以真理驳斥谬误，而绝不容许谬误。
>
> ——托马斯·杰弗逊

1991年威廉·夏普发表过一篇名为《积极管理的算术》的文章，他用非常简单的算术证明了积极管理整体来说就是输者的游戏。夏普的"证据"显示这并不仅仅适用于整个市场，也适用于细分市场（比如说小盘股或者新兴市场股），同时不管是牛市还是熊市这个结论也都适用。原因很简单：市场上所有的股票都是被人持有的。

投资的数学

一个很简单的例子就能证明为什么积极管理总体来说是输者的游戏。市场上有两类投资者：积极管理型和被动管理型。为了让这个例子更具体，我们假设市场上70%的投资者是积极管理型，那么另外的30%就是被动管理型（这里假设所用的数字并不影响我们得出的结论，事实上不同的假设结果都会是一样的）。让我们再进一步的假设这一年市场的回报率是15%，那么我们知道被动型投资策略（比如说先锋整体股票市场基金）在扣除掉费用之前的回报就是15%。下面的等式表明了这一关系：

整个股票市场＝积极管理型投资者＋被动管理性投资者
X＝积极管理型投资者的回报率
15%（100%）＝X%（70%）＋15%（30%）
那么 X 必须等于15%

聪明的投资者也会犯的错误

如果一个积极管理型的投资者,因为持有了更多的某一只表现更好的股票而获得了超过市场的回报率,那么就有另外一个积极管理型的投资者因为持有了更少的同一只股票而获得了低于市场的回报率。收益更高的投资者当初是从另外一个投资者手中买到这只股票的,因为被动型投资者只是简单地购买和持有,那么卖出这只股票的一定是一个积极管理型的投资者。因此整体来说,在不考虑各类费用的情况下,积极管理型的投资者所获得的收益率是与被动型投资者相同的。在这里如果我们以标准普尔500指数(又或者是小盘股或新兴市场股票)来代表整个股票市场,我们得到的结论依然是相同的。因为不论我们讨论何种资产类别,这里面的数学公式是相同的,并且不管是"牛"气冲天还是"熊"途漫漫。在不考虑费用的情况下,不管是何种资产类别或者市场情况,积极管理型投资者所获得的收益率与被动型投资者是相同的。

证据

大量的研究发现表明夏普的结论是正确的(也必须是正确的)。而更重要的发现是,以过去的业绩来预测未来是非常不准确的,尤其是当业绩还不错的时候(差的业绩很有可能会持续,假如是由于高额费用造成的)。

零阿尔法集团的一份研究《幸存者偏差和不当的衡量方法》进一步地证明了为什么积极管理是"输者的游戏"。文章中研究了1995~2004年的10年间,作者使用了晨星公司非常著名的投资风格箱,将积极管理型基金置于相应的类别下,并与其对应的标准普尔与巴拉指数进行对比。为了避免幸存者偏差,他们选择了证券价格研究中心的数据库。下面的表格展示的是标准普尔对巴拉指数的收益率减去积极管理型基金的收益率:

	价值型	混合型	成长型
美国大盘股	1.5%	3.2%	2.2%
美国中盘股	4.0%	4.3%	4.7%
美国小盘股	1.6%	0.3%	0.2%

在所有的9个类别中,积极管理型基金的平均收益率都低于相应的市场基准。

下表中的数字则显示了如果考虑了幸存者偏差的影响，历史收益率会有怎样的变化：

	价值型	混合型	成长型
美国大盘股	−1.0%	−1.9%	−0.6%
美国中盘股	−2%	−2.4%	−1.4%
美国小盘股	−1.1%	0.4%	−1.5%

9个类别中有8个类别的收益率因为幸存者偏差而显得更大，而唯一的这个例外很有可能是因为衡量的误差所导致的。因为如果基金真的表现好于市场，这样的基金又为何会被关闭掉呢？这里有一个关键点非常重要，如果不考虑幸存者偏差的影响，在某些类别下会表现为积极管理型策略跑赢了市场（小盘混合型和小盘成长型）。

投资者应该从上面的数据得出两条非常重要的结论。第一条，投资者要慎重对待那些宣称能利用市场非有效性的基金，或者号称拥有良好管理能力的基金。因为支撑他们的依据很有可能是来自于不恰当的衡量方法，比如使用了错误的比较基准，或者是对于一些个体基金而言的随机性。第二条，如同夏普所演示的一样，不论是哪种资产类别，也不管市场是否有效，积极管理都注定是一场输者的游戏。原因很简单：成本太高。

聪明的投资者也会犯的错误

错误 36
是否明白熊市是"必要之恶"?

"必要之恶"是指那些不愉快或者不期望发生的事,而这些却又是为了实现某一结果必不可少的。投资者应该将熊市看作这样的"必要之恶"。让我们一起来探索原因吧。

现代金融理论最基本的原理或许就是将风险与期望收益相联系。股票的风险高于 1 个月到期的短期国库券,因为投资股票的风险更高,而唯一合乎逻辑的投资理由就是股票提供了更高的预期收益率。尽管如此,如果股票的收益率始终高于 1 个月到期的短期国库券,那么投资股票也就没有任何风险,当然也就不会有风险溢酬。但事实却是,在 1926～2010 年的 85 年间,有 24 个年份(也就是大约 30% 的时间里),标准普尔 500 指数的收益率为负,且这其中一些时期里的损失非常巨大:

- 1929 年 1 月至 1932 年 12 月,跌 64%。
- 1973 年 1 月至 1974 年 9 月,跌 43%。
- 2000 年 4 月至 2002 年 9 月,跌 44%。
- 2007 年 11 月至 2009 年 2 月,跌 51%。

这些巨大的损失让投资者要求股票具有更高的风险溢酬。以 1926～2010 年为例,标准普尔 500 的年度风险溢酬为 7.7%(高出 1 个月到期国库券收益部分)。假如投资者所经历的那些损失更小一些,那么要求的风险溢酬也会相应更低。有一项指标能表明股票的风险:股票风险溢酬的年度标准差为 19.9%,也即是 2.6 倍于风险溢酬本身。

那么也就是说,我们所经历过的所有的熊市造就了股票较大的风险溢酬。换言之,如果投资者希望股票能够提供更高的预期收益率,就应该将熊市视为"必要之恶"。我接下来会将此逻辑应用在投资小盘股和价值股上。

第三部分　在制定投资策略时所犯的错误

小盘股和价值股

投资小公司要比大公司更有风险,因此市场要求小盘股比大盘股有更高的期望回报率。从1926～2010年间,小盘股的年度收益率比大盘股高出了3.1个百分点。尽管如此,小盘股表现并非总是优于大盘股。例如:

- 1969年1月至1974年12月,小盘股的表现比大盘股低47%。
- 1986年1月至1990年12月,小盘股的表现比大盘股低33%。
- 1994年1月至1998年12月,小盘股的表现比大盘股低30%。

假如小盘股表现总是更好,那比起投资大盘股来则是无风险的,那么也就不会有更高的风险溢酬了。

量化的证据能够进一步表明投资小盘股的风险,高于大盘股3.1个百分点的收益率,其年度标准差为11.8%,约4倍于其本身。

我们也都知道价值股比成长股风险更高,因此也就有更高的期望回报率。从1926～2010年间,价值股的收益率比成长股高出4.6个百分点。尽管如此,价值股表现并非总是优于成长股。例如:

- 1934年3月至1935年3月,价值股的表现比成长股低43%。
- 1998年6月至2000年2月,价值股的表现比成长股低44%。

正如小盘股的例子一样,假如价值股表现总是更好,那比起投资成长股来就没有什么风险,当然也就没有更高的风险溢酬了。

同第一个例子一样,价值股的更高的风险溢酬也是波动的。其年度标准差为11.1%,也即约为2.5倍于其本身。

风险溢酬和投资纪律

股票收益率高于国库券,小盘股高于大盘股,以及价值股高于成长股。这样的结论对于投资者来讲并非免费的午餐,同时也是伴随着风险的。而且可以确定的是,风险一定会时不时地出现,我们无法知道具体何时这样的结论会逆转,也不知道这样的逆转会持续多长时间。因此,成功的投资中有一

聪明的投资者也会犯的错误

项必需的组成部分就是要有投资计划,还要有纪律去保证执行这些投资计划,这就意味着不要理会市场给我们的错误信号(牛市中的贪婪和嫉妒,熊市时的害怕和恐惧),以及克服这些信号带来的情绪变化。

小结

熊市是"必要之恶",因为熊市的存在而让股票市场提供了更大的风险溢酬,使得投资者有机会去获得更高的收益。

对于投资者而言,如果你没有投资计划,那么立即坐下来并制订一份,确保这份计划有熊市发生时的应对方法(请在熊市给你带来困境之前先考虑好)。将这份计划以投资策略说明书的形式写出来,画好资产配置的表格,再签名做实,这样会增加你遵守它的概率,尤其是当熊市或者牛市让你情绪发生变化的时候。请严格遵循制定下的投资规则,只有当你承担风险的能力、意愿或者需求改变的时候才去调整它。

第三部分　在制定投资策略时所犯的错误

错误 37
是否将很有可能当作必然，将不太可能当作绝不？

> 人们普遍有这样的倾向：他们都很乐观，他们会高估自己成功的机会，同时高估自己所拥有的知识，他们的信心远远高于他们真实的"成功率"。
>
> ——阿莫斯·特沃斯基

投资者所犯的最常见最大的错误就是没有正确地对待投资的风险。而通常大家在生活中其他领域并不会犯这类错误。事实上，在做一些非投资决策的时候，人们往往表现为风险厌恶。下面的例子很好地展示了这一点。

假设你是一位 30 岁的已婚男士，你是你们家庭的主要收入来源，你有两个孩子。最近你刚刚还完了念大学时的学生贷款，同时用了大部分的储蓄为你的梦想之家付了首付款，接下来将面对每个月庞大的按揭还贷。你不吸烟，饮食很健康，并且定期参加体育锻炼。你也恰好有非常良好的基因——你家族中的成员都很长寿。你的预期寿命很有可能还有 50 年甚至更长。基于这样的事实，你应该购买人寿保险以在你万一早逝的情况下为你的家庭提供一份保障吗？

尽管你早逝的几率非常的低，但事实上我们每一个人都应该购买人寿保险。原因是虽然早逝的几率非常低，但不确定性是存在的，也就是风险。同时，错误的代价（在没有保险的情况下去世）非常的高。在这个例子里，大家并没有把非常不可能——意外早逝——当作不会发生。也没有把高度可能——健康长寿——当作必然。但是在投资决策中，这正是投资者经常会犯的错误。

有一点非常重要的考量就是确定投资者的风险容忍程度（或者是承担风

险的能力）。有多种办法可以采用，其中一种是使用指导性的表格，如下面这一例表。

损失容忍比例上限（%）	股票类投资比例上限（%）
5	20
10	30
15	40
20	50
25	60
30	70
35	80
40	90
50	100

当考虑风险容忍程度的时候，投资者应该记得1973～1974年，2000～2002年，以及2008年的熊市，然后再确定所能容忍的最大损失额。所能忍受是指依然能睡的安，不恐慌性抛售，不无纪律的调整仓位。另外一点非常重要的就是，切记从来没有人保证未来的熊市不会比前几次熊市来得更加严重。投资者购买股票获得更高的风险溢酬是因为股票投资所带来的风险，而2000年的投资者中大部分人并没有经历过1973～1974年熊市带来的痛苦。又或者一些投资者有经历过，也很可能在那时投资并不多，因为那尚是他们投资生涯的早期。另外一点，毕竟那也是好多年以前的事情了。2000年前，婴儿潮一代中的大多数人所经历过的主要的一次熊市应该就是1987年的10月了，但那次时间太短，而且全年来看市场还是上涨的。此外，次年标准普尔500更是上涨了差不多17%。新一代的投资者或许因此而认为熊市就是一次低位买进股票的机会，因为这样的下跌被证明过是非常短期的（换句话说，这不是真的风险，因为只是一时）。这样的做法等同于相信股票市场是没有风险的，或者根本没有真正的视其为风险。

而这种想法所带来的问题就是人们开始把不太可能发生的事情看作不会发生，从而导致他们开始高估自己的风险容忍程度以及配置过多的股票类资产。从而当熊市真的来临的时候，过高的股票类资产配置让他们陷入无法承受的困境。他们于是要么非常的恐慌，要么忍痛卖出，因为他们不能承受进一步下跌的风险了。这是很多投资者在 2000~2002 年，以及 2008 年熊市的时候的真实写照。

记住一条简单的经济学原理就能让你避免将很有可能当作确定，将不太可能当作不会发生，风险和期望（预期的，并非确保的）收益是相关联的。如果你正在计划做出的投资提供了高于短期政府债券的收益率，那么就有风险和不确定性，且高出越多，就有更大的不确定性和风险。你需要时刻谨记彼得·伯恩斯坦的建议："即使是最杰出的数学天才也无法告诉我们未来是怎样。"

聪明的投资者也会犯的错误

错误 38
是否承担了不必要的风险?

在 2003 年 3 月,拉里遇到一对夫妇,他们同为 71 岁并有 300 万美元的金融类资产,不幸的是,3 年前他们的投资组合还值 1300 万美元。拉里知道唯一能让这对夫妇遭受如此巨大损失的情况是,他们的投资组合全部或者几乎全部是由股票组成的,并且重仓持有美国大盘成长股,尤其是科技股。这对夫妇证实了拉里的猜测。

拉里于是询问这对夫妇,假如他们 3 年前的 1300 万美元变成了今天市值 2600 万美元的资产,他们的生活质量会有实质性的改善吗?他们明确地回答说不会,并且这对夫妇确定地告诉拉里,眼看着 1300 万美元的资产缩水到 300 万美元是非常痛苦的经历。拉里再次询问这对夫妇为什么没有将其持有的资产分散化,并因此承担如此巨大的风险呢?此时老太太转向老先生,冲着他的胳膊给了一拳并且大叫道:"我早告诉过你。"有一些风险是不值得去承担的,谨慎的投资者不会去承担超过其能力范围和意愿的风险。

2000 年 3 月末的时候,拉里遇到了英特尔公司的一位经理,他当时的净资产超过了 1000 万美元,这还不包括他的房子,其中大部分都是英特尔公司的股票,那时英特尔公司的股价在 70 美元左右,尽管知道这样的投资策略风险很大,但是他对于英特尔公司的前景非常乐观,并未考虑过卖出这些股票。拉里做了各种努力和尝试,还是没能说服他卖出这些股票。

两年后拉里再次遇见了这位经理,当时英特尔公司的股票价格为 30 美元左右,这位经理的资产比起两年前缩水了超过一半。但不幸的是,拉里再次没能说服他将他的持有分散化。再过一年以后,股价跌到了 16 美元,当然这次拉里还是没有成功说服他。有些风险是没有必要去承担的,永远不要持有太多的一家公司的股票,尤其是这家公司是你的雇主。

第三部分　在制定投资策略时所犯的错误

投资其实就是选择承担风险。然而谨慎的投资者知道，有一些风险是值得去承担的，而有一些则不值得，他们知道这之间的区别。当一项投资不利的结果其代价大到他们无法承担的时候，这样的风险是不应该承担的，无论这项投资其有利的结果发生的概率有多大。

聪明的投资者也会犯的错误

错误 39
是否混淆于"事先的策略"和"事后的结果"?

> 我是分散化的忠实信徒,因为我确信预测都是错的。用分散化作为指导方针,这将是你渡过萧条时期唯一的方法。短期来看是要付出一定成本,因为分散后的资产不可能全都大涨。
>
> ——保罗·萨缪尔森

想象如果你是洛杉矶湖人队的主教练菲尔·杰克逊,现在是总决赛的第五场,之前的比分是3:1。勒布朗·詹姆斯刚才的进球让迈阿密热队暂时领先你的队1分,离比赛结束还有10秒钟,你叫了暂停来安排最后一次进攻。而你队中的明星——科比·布莱恩特——到目前为止状态平平,仅仅得15分且没有手感。但卢克·沃顿却打出了职业生涯里最精彩的比赛,得25分且命中率极好。此时你会安排谁来完成最后一击呢?布莱恩特还是沃顿?事实上可能每一个人都会选择布莱恩特,NBA历史上最伟大的球员之一。毕竟不理会他整个职业生涯的成绩而仅仅依靠一场球的表现来做决定是不理智的,可惜布莱恩特的最后一击没有命中。实际上这个安排无疑是正确的,我们对此毫不意外。从他的职业生涯的得分统计上我们知道,我们所能期望的布莱恩特完成最后一击的命中率仅仅为不到50%。

现在总决赛来到了第六场,相同的局势再次出现。再一次你选择了布莱恩特,让你失望透顶的是他再次没能命中。神奇的是相同的局面在最后一场总决赛再次出现,这一次你还是把赌注压在布莱恩特的身上,他再次没能命中。这样的结果再让人失望不过了,但是相信每个人都同意让你手上最好的球员去完成最后一击是正确的决定。

这个例子有着令人困惑的策略和结果。《随机致富的傻瓜》一书的作者纳

第三部分　在制定投资策略时所犯的错误

西姆·尼古拉斯·塔勒布对于令人困惑的策略和结果有着这样的一段描述：

> 不能以结果来评判任何事情，而应该以替代方案的成本来衡量（换言之，假设历史是以另外一个版本发展），事件的这种替代方法可以被称为假设的历史。虽然我们不能仅仅从结果来判断决策的质量，然而已只有那些失败了的人们才会有这样的观点（那些成功了的人势必会将成功归功于他们的决策）。

从投资的角度来讲，我们预测这种假设的历史的能力不会比篮球教练决定由谁来完成最后一击来得容易。

通过1975～2010年的历史收益率，可以很简单地表明分散化的风险和报酬。在这一时期标准普尔500的年回报率是11.8%，同期摩根士丹利资本国际指数的回报率为11.4%。而经过分散化的投资组合（标准普尔500和摩根士丹利资本国际指数各50%权重，每年做一次投资组合平衡）提供的年收益率达到了11.9%。

现在我们来假设时间是1990年1月，在过去的15年间（1975～1989年），经过分散化的投资组合比标准普尔500的年收益率高出了近3个百分点（19.5%比16.6%）。因为目睹分散化带来的投资收益并理解了其中的逻辑以后，你决定构建一个全球化分散的投资组合，而不幸的是，时机不好，在接下来的10年里面，标准普尔500指数的表现要比分散后的投资组合高出约11个百分点（18.2%比7.3%）。在严格遵守了投资计划10年以后，令人失望的结果使你决定放弃这样的投资策略。当然，你决定放弃分散化的策略以后，全球化分散的投资组合再一次提供了更高的收益率。从2000～2008年间，分散化的投资组合比标准普尔500的年收益率高出了2.2个百分点（-1.4%比-3.6%）。随后的2009～2010年，两者的收益率相近，其中标准普尔500收益率为20.6%，而分散化后的组合收益率为20.2%。

你对于分散化投资策略带来的结果不满意并不意味着这样的策略是错误的，又或者这样的结果是意料之外的。就如同科比·布莱恩特有时也会10次投篮只进俩球一样，分散化策略也有可能在8年、10年或者更长的时期里表现低于预期，但千万不要因为结果而混淆策略。

可惜还是有太多的投资者进入了约翰·博格提出的"相对主义投资时代"。投资者的满意或者不快（因此需要规则来约束投资行为）似乎很大程度上决定于投资者的收益率与某个指数比较的结果，而这个指数甚至与分散化的组合一点儿都不相关。相对来讲，其实就是情绪战胜了智慧和经验。金融史告诉我们，今天的一些趋势从长期来看仅仅是一些小小的插曲。博格还匿名引用了一位基金经理的话："相对论是对于爱因斯坦而言的，在投资学里它没有位置。"

追逐热门股或者热门类资产已经被证明了是赔钱的策略，这也是混淆了结果和策略。投资者需要明白一点，就是你的投资组合中各个单独部分的收益率应该各不相同，这就是为什么我们应该以不同的、相关性很低的资产类别来构建我们的投资组合。但是遗憾得如同快船基金经理詹姆斯·吉普森写道过的一样："分散化对于投资者，就如同单身对于青少年而言，是一个简单易懂的道理，却很难真正去实践。"因为分散化的风险是在于投资者需要去决定，相对于一个分散化的指数或者基准，容许有多大的跟踪误差，这需要跟分散化的收益去权衡。跟踪误差衡量的是投资组合的收益率与所采用的参考指数或者基准（比如标准普尔500）之间有多大的差别。

分散化意味着组合中有一部分资产会与整个组合有着截然不同的表现，选择恰当的跟踪误差接受程度能够帮助你更严格地遵守定下的投资纪律。投资者所能接受的跟踪误差越小，那么其资产组合中的股票部分就得更加接近标准普尔500。换句话说，如果你选择构建这样一个市场组合，那么其将是一个资产类别不够分散，并且没有国际性分散化的投资组合。至少在这两者之间（拒绝或者接受跟踪误差）是没有免费的午餐的。对于跟踪误差的正确选择，与决定恰当的股票－债券比率同样重要。如果采取一个全球性分散化的被动的资产类别策略并遵循定下的投资准则，你很有可能会因为这些准则而获益。

第三部分　在制定投资策略时所犯的错误

错误 40
你是否认为只有当投资期限较短的时候股票才具有风险？

从 1926～2010 年，标准普尔 500 提供的平均年回报率为 9.9%，较长期国债的收益率高出了 4.4%。这样的收益率无疑是可观的，以至于杰里米·西格尔在他的一本畅销书《股市长期投资》中宣称，只有当投资期限较短的情况下股市才是有风险的。西格尔使用了美国股市从 19 世纪起的回报率来证明自己的观点。

股市长期来讲没有风险这样的宣称是基于一组数据（美国股市）在一个时期内（尽管这个时期很长）的表现。换句话说，假设股票仅仅在投资期限较短的情况下才具有风险，我们应该在其他国家的股市上同样能观察到这样的现象。但遗憾的是投资者在其他很多市场上并没有获得美国市场投资者获得的收益率。如你所看到的，美国市场的收益仅仅是"乐观者的胜利"。

1949 年 1 月，美国的投资者回望过去 20 年的股票收益时，他们会发现标准普尔 500 指数提供了 3.1% 的年回报率，这比美国长期国债的收益率低了 0.8 个百分点（这切切实实地驳斥了那些认为 20 年以上的情况下股票一定优于国债的观点）。那么当时世界是怎么看美国的投资者的呢？是否认为这是一个鼓舞人心的投资股票的好时机呢？但事实上，那时候的世界环境对于投资者来讲可谓相当具有风险。他们刚刚经历了两次世界大战和大萧条，欧洲的"铁幕"刚刚落下，冷战正在加剧，朝鲜半岛正在酝酿着大麻烦（1950 年 1 月 25 日爆发的朝鲜战争可能将世界再次带入战争状态），并且开始面对核战争的威胁了。当时的世界局势危机重重，而那时股市的市盈率约为 6 倍。

后来证明了世界并没有像看起来那么危险，而那时候的投资者也为承担这些风险获得了回报。结果是美国的投资者享受到了可观的回报，部分原因是由于投资者要求的风险溢酬显著地下降了。从 1949～2010 年的时间里，标准普尔 500 的年回报率为 11.2%，高出了长期国债 5.2 个百分点。

从股市中我们了解到当你的投资期限越长的时候，你就有越大的承受风险的能力（因为你更有能力等到熊市的结束而不需要卖出股票来筹措资金）。无论你投资的期限是长还是短，股市都是具有风险的，而这基本上（并非一直）就是美国股市长期来看提供如此高回报的原因。投资者知道股市总是有风险的，因此股价在某种程度上提供了一个期望的风险溢酬。换句话说，股价要低到足够吸引投资者，也就是风险溢酬要大到足够补偿投资者去承担这些风险。在 1949 年，当时的世界局势对于投资者来讲风险巨大，而风险溢酬也就非常大（表现为市盈率非常低）。因为投资者担心的风险因素最终都没有发生，他们也就因为承担了这些风险而获得了回报。

股市无论是长期还是短期来讲都是有风险的，而美国正好是那个"幸运儿"。如果你还不确信的话，让我们来看看埃及股市的例子。在 1900 年，埃及有全球第五大市值的股市，那些投资者（以及投资古巴、俄罗斯股市的投资者）至今仍在等待收回他们的资本，更别提什么资本回报率了。又例如在 19 世纪 80 年代的西半球，有两个富有希望的国家从欧洲获得了发展的资金：美国和阿根廷，其中只有一个国家的投资者获得了回报。最后我们看看日本的例子，在 1989 年，日经指数几乎突破 4 万点，20 年后跌去了 75%。你是否还认为日本的投资者真的相信股市在长期来看是没有风险的吗？

小结

股市无论投资期限长短都是有风险的。因此，股价在某种程度上提供了一个期望的风险溢酬，同时也因为大部分的投资者都是厌恶风险的，股票的风险溢酬从历史来看都是较大的。

投资者应该细心地评估自身承担风险的能力、意愿和需要，切忌承担过量的风险。记住纳西姆·尼古拉斯·塔勒布的警告："历史教导我们，从未发生过的事情的确会发生。"

第三部分　在制定投资策略时所犯的错误

错误 41
是否在成功机会很渺茫的时候仍然期望成功呢？

> 人们将交易看作是对着墙壁打网球，他们可以完美地摆出各种姿势，恰到好处地完成击球。但是当他们在交易时，他们其实是在与非常优秀的选手对抗，包括职业球员。
>
> ——迈尔·斯塔特曼
> 《华尔街日报》，1998 年 11 月 24 日

如我们所见，人们总是对于自己的技能过于自信。即使当大家面对困难的时候，依然有过分自信的倾向。比如说在挑选积极管理型基金的时候，积极管理型基金差强人意的表现已经摆在那里了，但大家通常的回应是："数据表示的都是平均数，我们只用做一下简单的筛选就能轻易地过滤掉那些表现不好的基金了。"典型的建议包括去除那些业绩不良的、成本过高的、换手率过大的，以及基金经理任期太短的。

通过这样细心的挑选，投资者相信不用去了解全部的基金，他们就能够挑选出那些业绩更好的了。这样的做法在逻辑上有它的吸引力，而且与所有的积极管理型基金的整体比较起来，很有可能会有更高的收益率，然而这并不表示这样的选择一定能带来跑赢市场的回报率。事实上我们希望读者通过阅读这一节内容后会同意，即使是通过最合乎逻辑的方法，认为自己能找出未来投资回报优胜者的想法也是不合乎逻辑的。

考虑以下情况：如果非要说谁能跑赢市场，养老基金似乎是一个很合理的选项。为什么你会有这样的假设呢？第一，养老基金规模比较大，他们有能力请得起最好的基金经理，他们中的每一个人都争着来管理这些数十亿美金的养老金计划（同时赚取大额的佣金）。养老基金还可能起用一些散户无法

接触到的明星基金经理，因为散户可能达不到他们要求的最低资产要求。因为规模很大，几乎可以肯定的是，即使是同一个基金经理，养老基金也比散户投资者的费用低。

第二，养老基金几乎不可能聘请那些没有跑赢过市场的基金经理，或者最起码他们也得与市场收益率持平。当然，他们绝不会起用那些业绩低于市场的。

第三，养老基金起用的基金经理一定都具有绝好的展示能力，展示他们如何在过去取得优秀的业绩，以及如何继续取得成功。他们展示的案例都一定是非常具有说服力的。

第四，就算不是多数，也有不少这样的养老基金会聘请职业的顾问公司，比如法兰克罗素、SEI公司、高盛等来帮助他们挑选基金公司，做各类尽职调查筛选等，以帮助挑选出优秀中的最优秀者。例如法兰克罗素公司宣称其拥有超过70名分析师每年执行超过2000次的面试。你可以确信这些顾问们一定将所有可能的筛选条件都想到了，他们不仅考虑过往业绩，同时还考虑了诸如管理层任期，人员的深度，业绩的持续性（以确保一份长期的记录不是因为一两个年头的幸运造就的），熊市时候的表现，执行投资策略的一致性，换手率，以及成本等。不太可能有什么是你和你的投资顾问考虑到了，而他们没有考虑到了的。

第五，除非聘请专门的咨询公司，否则散户们极少有条件去面试基金公司，以及像那些顾问一样去做尽职调查。

那么养老基金的业绩与风险调整过的基准比起来又是怎样的呢？《美国养老金计划业绩》的研究回答了这个问题。这份研究涵盖了716份固定收益计划的养老金（1992～2004）和238份固定缴款计划的养老金（1997～2004）。作者发现他们的回报相对于基准来讲基本一致，他们同时发现养老金计划的投资表现没有持续性。因此，不同于传统智慧得出的结论，以历史业绩来预测未来并不可靠。他们还发现，决定基金投资业绩的既不是基金的规模、外包的程度，也不是其所持有的股票。同时还驳斥了那些认为养老基金的业绩受制于其庞大的规模的观点，因为小的养老基金也没有做得更好。作者因此得出了非常重要的结论："随着时间的推移，业绩表现出惊人的相似性，这证明了投资技能并没有带来多大的差异。"

第三部分 在制定投资策略时所犯的错误

适得其反的行为

阿米特·戈亚尔和苏尼尔·瓦海的研究，进一步证明了养老金计划发起人没有能力确定哪家投资管理公司在被起用后可以跑赢市场。戈亚尔和瓦海调查了养老金计划发起人对于投资管理公司的选择和弃用（包括公共和私人养老金计划、工会养老金计划、事业基金和捐赠基金）。他们的数据集包括了从 1994~2003 年约 3700 家计划发起人对投资管理公司的聘用和解雇决定，这些数据涵盖了在聘用投资公司时 7370 亿美元的资产配置，和在弃用公司时撤出的 1170 亿美元。以下是他们研究发现的一个小结：

☞ 养老金计划发起人在挑选基金管理公司时，是基于其过去，最长 3 年内获得了较高的收益率。
☞ 聘用前的高收益率没有为聘用后带来超额回报。
☞ 聘用后的超额回报率几乎为零。
☞ 计划发起人在投资业绩低于市场或基准时解雇了基金管理公司，而通常他们被解雇后又能获得超额回报。
☞ 假设计划发起人没有解雇业绩不佳的公司，他们的收益率会比聘用新公司所能带来的回报更高。

值得注意的是，这些结论尚不包含基金管理公司过渡时所产生的交易成本。换句话说，所有的这些行为都是适得其反的。

小结

华尔街需要你做积极管理，他们知道你能跑赢基准的概率是很低的，积极管理对于你们根本就不利。然而他们需要投资者进行积极管理，他们能因此赚到更多的钱。因为哪怕是业绩再差，他们依然能从积极管理上挣得大把的费用。金融和财经媒体也希望你继续进行积极管理，这样他们的节目和内容才会有更多的人收听和关注。这就是他们而不是你挣钱的方式。

你不必参与积极的投资组合管理型这样的游戏。相反，你能以较低的费用和税收优惠赚取到平均的市场回报率。你能购买被动管理型的投资工具，比如指数基金和被动型资产类别基金。这样就等同于你的收益率会高过大部分投资者——职业投资者和散户。换言之，你赢是因为你没有在玩积极管理型的游戏，这也是为什么积极管理型被称作是输者的游戏。并非是说所有的积极管理者都是输家，也不是说你一定不能跑赢市场，只是跑赢市场的几率很低而不值得去尝试。

　　回到一开始的问题上来，你是否还认为你能预测出哪只积极管理型基金会表现得更好，或者对自己的技能过分自信呢？如果你还在尝试找出未来表现最好的基金，问问你自己：在挑选投资基金上面，比起养老基金和他们的顾问所做的，我还能做些什么不同的吗？显然这些机构已经深思熟虑地考虑了过往业绩和高成本等因素了。你还有什么能做的呢？那么连这些拥有丰富资源的机构投资者都在尝试着不断失败的游戏，你又何必参与呢？还是你认为你比这些机构更能读懂和分析这些数据？

第三部分　在制定投资策略时所犯的错误

错误 42
是否明白尽早储蓄的重要性？

有两点可以证明投资的最佳时机就是当你有可用资金去投资的时候。第一，大量的证据表明，按照计划时间去投资是不可行的。第二点更加显著，就是复利的重要性。下面例子中的四位投资者莎莉、山姆、简和约翰给我们展示了复利强大的效果。

莎莉从 25 岁开始每年存下 5000 美元，她坚持存了 10 年，直到她 34 岁的时候她决定不再存了。而山姆从 35 岁开始储蓄，并在随后的 30 年里每年存下 5000 美元。那么莎莉在 10 年的储蓄过程中共投入了 5 万美元。山姆在 30 年的储蓄过程中总共投入了 15 万美元，也就是 3 倍于莎莉的投入。接下来的故事才是我们关注的重点。

假设年复合回报率是 10%。莎莉在她 65 岁的时候将拥有价值为 140 万的存款。而尽管山姆的投入 3 倍于莎莉，但那时他将拥有的存款为 82 万美元。当他们都 75 岁的时候，莎莉的存款将变为 360 万美元，而山姆的存款将变为 220 万美元。

假如简等到 45 岁才开始存钱，她要想 20 年后拥有和莎莉同样的资产，她需要在接下来的 20 年每年存下 24000 美元。可是我们记得，莎莉仅仅是在 10 年里每年存下 5000 美元而已。如果约翰从 55 岁才开始存钱的话，他得在接下来的 10 年里每年存下 87000 美元才能达到同样的目标。这个例子表明了时间和复利在投资中的作用。这里的寓意很简单：如果在你年轻的时候，你有能力购买一些昂贵的但是不太需要的东西，而你选择将这笔钱投资到一个分散化的被动型资产类别里，作为回报，你将在今后获得更多的这类昂贵的物品。

聪明的投资者也会犯的错误

错误 43
是否没能评估一项冒险行为的真实成本？

拉里有一个好朋友叫路易斯，有一次他们在讨论财务规划的时候，拉里向路易斯询问到他的孩子念私人学校的费用问题。

路易斯当时有两个选择：每年花1万美元送他的孩子去私人学校，和将他的孩子送到当地的公立学校。路易斯和他的太太认为1万美元的额外费用是一个值得的投资。拉里于是提供了另外一个思路来衡量这个决定真实的成本。

拉里指出，假如路易斯决定将自己的孩子送去公立学校，他将在接下来的12年时间里每年多出1万美元的资金用作投资，这笔投资可以在他退休以后使用。而接下来的问题就是，路易斯决定让他的孩子念私立学校的决定让他放弃了多少退休收入呢？下面是在回答这个问题时的一些假设：

- 路易斯现在35岁，并且希望在他65岁退休的时候开始使用这笔资金。
- 私立学校的学费为每年1万美元，并且每年随着通胀上涨3％。
- 私立学校的学制为12年。
- 投资的年收益率将为10％。
- 在路易斯退休的时候，他将每年保守性的套现4％（通胀调整后）。

基于上面的假设，路易斯可以在其65岁退休的时候拥有价值为1645996美元的投资组合。在他退休的第一年他将可以套现65840美元，以后每年随着通胀逐步上调。从今天的角度来讲，就相当于每年额外多出26335美元的购买力。

这个计算的目的不是为了说服路易斯送他的孩子去公立学校，而是帮助他了解私立学校的真实成本：以今天的美元来讲，路易斯放弃掉的是退休后每年 26335 美元的消费力。

当然，送孩子去私立学校还是公立学校这样的决定，绝不能仅仅从经济的角度来衡量，然而我们需要了解我们每一笔支出的真实代价是多少。所以每一个重要的支出或者决定之前都有必要做这样的分析。

聪明的投资者也会犯的错误

错误 44
是否认为只有当投资期限足够长的时候分散化的策略才是正确的？

在拉里最喜爱的某个网站上，有一个关于分散化优点的讨论。其中有一个帖子是这样说的：因为投资期限相对较短（10年），他因此不想投资一些风险类别的资产，比如国际股票市场、新兴市场、小盘股以及价值股。拉里认同他所说的投资期限会影响到资产配置，但是不能认同他因此得出不需要分散化的结论。事实上我们希望读者也能同意，投资期限越短，越需要进行资产类别的分散化。

投资期限的长短会影响到股票和债券的配置比例。投资期限越长，股票就越有可能比债券带来更好的收益，也即投资期限越长，越有可能等到熊市的结束。将这一点记在脑中，你可以使用下面的这个表格来帮助你决定股票与债券的配置比例：

投资期限	股票比例上限（%）
0~3 年	0
4 年	10
5 年	20
6 年	30
7 年	40
8 年	50
9 年	60

续表

投资期限	股票比例上限（%）
10年	70
11~14年	80
15~19年	90
20年及以上	100

值得注意的是，承担风险的能力（如这里的投资期限的长度）只是考虑构建投资组合的一个因素，其他的考虑因素还包括承担风险的意愿以及承担风险的需求。

一旦我们确定了股票与债券的配置比例，接下来就要确定股票种类的详细配置了。使用法马-佛伦奇指数，我们能够比较各类资产从1927~2010年的收益率：

小盘价值股：—15.0%

大盘价值股：—11.7%

大盘成长股：—9.3%

小盘成长股：—8.8%

如你所见，收益率的差别最大达到了每年6.2个百分点。同时参考1970~2010年之间，标准普尔500指数提供了10%的年回报率，同期摩根士丹利资本国际指数年收益率为10.1%。

然而，当投资期限比较长，但是不超过30年的时候，收益率的差别还是比较大的。我们来看一些例子，还是从标准普尔500和摩根士丹利资本国际指数开始。

1971~1988年，标准普尔500的表现比摩根士丹利资本国际指数低了6.2个百分点（11.0%与17.2%）。假设你是1971年美国的投资者，你的投资期限正好是18年，你会因为不愿意分散化去承担国际股票的风险而无法获得更高的回报。1989~2000年，标准普尔500年收益率比摩根士丹利资本国际指数高出了11.4个百分点（16.7%与5.3%）。假设你是1989年的一位外国投资者，你的投资期限正好是11年，而你不愿意分散化去承担美国股市的风险，你也无法获得更高的收益。

聪明的投资者也会犯的错误

下面我们来看一个美国股市的例子。尽管在 1927~2010 年这 84 年间，小盘价值股比大盘成长股的年收益率高出了 5.7 个百分点，而在 1966~1988 年这 23 年间足足高出了 9.3 个百分点（16.9%与 7.6%）。假如你是 1966 年的一位投资者，刚好有 23 年的投资期限，因为没有持有小盘价值股，你将因此少获得很大一部分收益率。

不论投资期限的长短，在相关系数低的资产类别间做分散化都是制胜的策略。值得注意的是，当投资期限变短的时候，分散化对于股票投资将变得更加重要。这是因为即使在足够长的时期内，某一资产类别都有可能表现非常糟糕，更别说在一个相对较短的时期里了。如果你的投资期限非常的短，那么增加短期固定收益类资产将是控制风险的好办法，而不是增加任何股票类资产，无论你认为有多么安全。

第三部分　在制定投资策略时所犯的错误

错误 45
你是否认为"这次不一样了"？

> 在投机界，市场似乎被理所当然地认为是"命运天定"的，而这个命运就是不断地向前。
>
> ——《纽约时报》，1929年9月

> 那些不记得过去的人注定将重演历史。
>
> ——乔治·桑塔亚纳

在20世纪90年代末，充斥各类财经媒体的新闻是，互联网和生物科技将使我们的经济发生巨大的变化，伴随着的是纳斯达克指数（NASDAQ，科技股权重很大）的一路猛涨。这些故事都传递着一个信息："这一次投资领域不同了。"投资者被告知旧的估值、风险和回报的规则都不再适用了。你付出多少价钱去获得好公司的股票不再重要了，因为你都将获得回报。

所有反对这种思路的理性的论据都被这样的声音所驳回："这一次，真的不一样了。"下面是一段那个时候"新时代投资策略"的一个总结：

世界新秩序已经出现。这一切都是全新的事物。投资者应该不计成本的去拥有好公司的股票，千万不要因为价格太高而放弃持有一家好公司的股票。因为，这一次真的不同了。互联网正在改变世界，这是一次伟大的革命，并将大大地刺激我们的经济。美国显然是技术上的领袖，而生产力正在以有史以来最快的速度提升。我们在互联网、生物科技和金融服务领域处于绝对的领先地位，而这些正是人类社会的未来。此外，美国自由的企业制度也已经被证明了是最好的模式，其他国家现在开始要奋起直追了。你只需要看看过去几年的回报就知道，机会是巨大的，你可不能错过了。美国在线、亚马逊、思科、价格线之类的新时代的公司明显拥有极好的前景。你怎么能错过呢？

聪明的投资者也会犯的错误

共同基金们蜂拥地投向科技股,并且为这一时代早期的投资者带来了丰厚的回报。新的基金和产品,如 QQQ(一种复制 NASDAQ100 指数的交易所交易基金),以极快的速度涌现出来,因为投资者争先恐后地想要加入这个新时代的"淘金热"。

然而对于了解金融史的学生来讲,所谓的新的投资时代和 20 世纪 60 年代初有很大的相似性。那时候的投资者听到了相同的号角声,呼唤他们加入那场电脑带来的革命。在那时,有一组股票被称作"漂亮 50",它们也被称作"一锤定音"的股票;这些股票无论什么价格都应该买入并且一直持有下去(因此得名为"一锤定音")。现在我们一起来看看"这次真的不一样"了的时代具体发生了什么。

1963～1968 年,5 只最热门的基金(企业基金、富达资本、富达趋势、普信新地平线基金、艾维斯特)提供的累积收益率达到了 344%,几乎是同期标准普尔 500 收益率的 3.5 倍。5 只基金的资产增加的速度令人吃惊,从 200 万美元增加到了 34 亿美元。

然而在接下来的 6 年时间里,情况就完全不同了。这些基金累计跌幅达到了 45%,是标准普尔 500 同期跌幅(-19%)的 2.5 倍。当思考这些数字的时候,请注意以下几点。

首先,45% 的下跌比起上涨 45% 的影响要大得多。例如,你的初始投入为 100 美元,第一年上涨了 90%,第二年则跌去了 45%,算术平均的年回报率虽然有 22.5%,然而你实际获得的年收益率仅仅只有 2%。

其次,许多投资者是在这些基金已经取得了大部分收益的时候才投入进去的。因此,许多(即使不是大多数)投资者根本没有赚到 344% 的收益率。而另一方面,他们的资产的确达到过 34 亿美元,但接着泡沫就破灭了。有可能(并且很有可能)这 5 只基金中的普通投资者在这 12 年的时间里,不仅没能获得比标准普尔 500 高的收益率,甚至可能赔了钱。

再回到那个奔腾的"漂亮 50"的年代,值得注意的是,在接下来的 1/4 个世纪里,没有一只"漂亮 50"组合里的股票跑赢了标准普尔 500。

假如我们能倒带并播放 20 世纪 60 年代那些投资专家语录的话,这会和 20 世纪最后 10 年我们所听到的"名言"惊人的相似。在 20 世纪 60 年代,那同样是一个技术革命的故事,一些公司最终取得了成功,但是更多的是失败,大多数公司都证明了市场对他们的估值过高了。这里有一些 1968 年的热门技术股的抽样,以及当泡沫破灭时他们发生了什么。

第三部分 在制定投资策略时所犯的错误

1968 年热门技术股

公司	1968 年最高位	1970 年最低位	跌幅（%）	市盈率（最高位）
仙童摄影	102	18	-82%	443
泰里达因	72	13	-82%	42
数据控制	163	28	-83%	54
莫霍克数据	111	18	-84%	285
电子数据	162	24	-85%	352
光学方式	146	16	-89%	200
依泰克	172	17	-90%	71
大学计算	186	13	-93%	118

来源：Dun's（1971）；itulip.com。

注意那些价格曾经一路高飞的股票市盈率，以及在崩盘时它们跌去了多少？也请留意 1968 年这些热门股和 2000 年时的科技股（尤其是当时的网络股）之间的相似性。

真的没有理由相信互联网革命会比以前那些改变社会的发明产生更大的影响力，例如汽车、飞机、电视、收音机、电脑等的出现（美国无线电公司 RCA 的股价在 1929 年达到过 114 美元，之后差不多 60 年才再回到那个价位。试问谁能确信它一定能回到那个价位？）。

技术的确给每个人都带来了好处。事实上，获利最多的通常都是这些技术的使用者，而不是发明者和行业领先者，即便你能事先认准这家公司（你也未必能从投资中获利）。除此之外，即使你真的预见到了某个技术的美好未来，你会是唯一认识到这一点的人吗？如果不是，市场早已经体现了这一点，并且股价已经反映出来了（记住，这就是股价会达到高位的原因）。唯一能跑赢市场的办法就是利用别人对市场的错误定价。请记住，有很多的证据表明，公司巨大的盈利并不一定会为投资者带来巨大的收益。从历史数据来看，比起高盈利的成长型公司，低盈利的价值型公司提供了更高的投资回报（以补偿承担了更大的风险）。

小结

避免犯"这一次真的不同了"的错误的最好办法是学习金融史,你会发现除了你不了解的金融史,再没有什么新的或者不同的了。正如艾伦·格林斯潘1997年2月26日在国会讲话时指出:"遗憾的是,历史上散落的这些新时代的美好愿景,到最终都将被证明是海市蜃楼。"

第三部分　在制定投资策略时所犯的错误

错误 46
是否没能对你的投资组合做好税收管理？

即使是对税务非常了解的投资者，也会没能对他们的投资组合做出好的税务管理。共同基金使用了很多税务管理的策略来提高它们的收益率，对于个人投资者来讲也同样适用。让我们快速地了解一下有哪些税务管理的策略：

- 策略性地确认损失，通过卖出低于成本价的股票来抵消已实现的获利，从而降低需要支付的税款。
- 卖出成本最高的股票以将收益减到最低，将损失放到最大时，基金会追踪他们所购买的股票的成本，并知道哪些成本最高。当需要卖出某一部分的股票时，他们会先卖出成本最高的那一部分，并以此来降低税款。
- 不要急于去实现短期获利，要等到持有期限长到足够降低你的长期资本收益率。
- 在除息日附近交易，不要刚好在股权登记日之前去购买股票，要注意除息日不同于股权登记日，除息日是股权登记日后的一天，此时股息已经从股票上"脱离"，而股票也就以更低的价格（不含有股息了）交易了。
- 对于被动管理型的基金：扩大"购买并持有"的区间。例如，空间基金顾问公司的小盘基金规定，该基金购买市值最小的 8% 的公司股票。然而为了降低交易成本，该基金会等到其所持有的公司市值超过了最小的 10%，或者成为了市值最大的 1000 家公司的时候才会卖出该公司的股票。这有别于指数基金，如果股票一旦不再属于某一指数，指数基金会立即卖出这只股票（尽管有些指数将股票除名只是为了让收益率看起来更好）。

通过效仿这些策略，同时配合使用一些其他的方法，你也可以提高自己的税后投资收益。有税收意识的投资者会在年底看看是否有损失能被确认，并用来抵消收益。为了将确认损失所能带来的利益最大化，常用的方法为批号确认法。通过专门的批号，投资者因此能够卖出成本最高的一部分股票，并因此降低了当前收益和所得税。

但是，等到年底才去确认损失是错误的。原因之一是，可能年中能确认的一笔损失到年底的时候已经涨回来了，这样就失去了确认损失以抵税的机会。此外，很重要的一点就是，应该在短期损失变成长期损失之前将其确认，用短期损失来抵消短期收益比较合算，因为短期所得通常面对更高的所得税率，而长期资本所得通常面临的税率要更低，投资者使用损失确认法以后将使得其持有的成本更低。而税率的差别提供了投资者在税收制度下套利的机会。我们来看看这是怎么实现的。

假设一位投资者在1月1日以100美元购买了某基金，两个月后跌到了50美元，这位投资者将其卖出，这笔损失因为持有期低于1年因此被称作短期损失。假如联邦所得税率为40%，这位投资者就能抵销20美元的税，净损失变为了30美元。这位投资者立刻用卖出基金的50美元购买了另一只非常类似的基金（在卖出基金后的30天内购买同一只基金或者相似度极高的基金不予抵税。购买相似的基金，例如标准普尔500基金来替换罗素2000基金则是可以的）。

让我们看一年又一天以后是什么情况，先前卖出的基金和之后买入的基金都涨到了100美元。如果一直持有第一只基金的话则不亏不赚，以及没有任何税收的减免。而通过确认损失后买入相似的基金，投资者实现了50美元的盈利，他因此需要付长期资本利得税，在此假设其为20%。因此投资者需要支付的税为10美元，而净收益为40美元。这样一来，他不仅获得了10美元的税收套利（20美元的抵税，而仅仅需要支付10美元的税款，或者说30美元的损失和40美元的净利），而且抵税的额度还有1年的时间价值。这位投资者也可以在3月份的时候不考虑卖出，如果他继续持有，所有未实现的收益的税都将递延到他将基金卖出的时候。

当确认损失的时候，投资者要么可以选择相似的基金（如果市场上有的话）立即再投资，要么等31天以满足禁止虚假交易的规定。那么哪个策略更好呢？

股票比债券风险更高（因此期望收益率也更高），正确的策略是立即再投资。此外，如果你等待31天，你将很难遵循原订的投资计划，因为这31天里你的资产配置比例相应地发生了变化。

最后，有证据表明，如果持币观望一整个月，你更有可能错过一次高回

第三部分 在制定投资策略时所犯的错误

报的机会，而非躲过一次大跌。

例如从1926~2008年，总共996个月中，有170个月（17.1%）股市上涨超过5%，而只有103个月跌幅超过5%。也就是错过一次大捷的机会要比躲过一次大难的机会高出66%。

因此你在卖出的同时应该买入一只相似的基金。假如31天后发生了亏损，就回过头来实现损失获得另一次的抵税，并且重设持有成本。

市场上有许多基金或者开放式基金（ETFS）能很好地替代彼此。然而需要记住虚假交易的规定，不能卖出后再买进另外一只本质上很接近的基金，不然美国国税局（IRS）很有可能不允许你抵税。因此在选择替代方案的时候要非常谨慎。

还有一个重要的税收策略你需要知道，如果你已经持有基金超过1年，你需要弄清楚接下来1年基金有没有计划分配收益，尤其要注意普通收益，短期资本利得和长期资本利得的数额。大多数的基金每年分配一次收入，往往是在接近年底的时候，你通常能在登记日之前获得这些信息。你重点要知道的是有没有大笔收益被作为普通收益和短期收益分配给投资者。

如果真是这样的话，你可以通过在登记日之前卖出它们来获利。这样做的目的是将收益确认为长期资本利得，因此税率会更低。假如要进行大规模收益分配的基金价格低于你的成本价，你当然也应该考虑在分配收益前将其卖出。否则你一边有未实现损失，同时还得为这笔分配纳税，这将真的是税收带来的"灾难"了。

如同在除息日附近交易股票一样（避免购买一只即将支付股息的股票），你也应该避免在收益分配前购买共同基金，否则你将为一些不是你真正赚到的收益纳税。

最后，对于国外投资也同样要避免实现短期收益（只需要等到持有期变为长期即可）。对于个人投资者来讲，这就意味着配置再平衡表格也应该是投资策略说明书中的一部分。配置再平衡非常重要，这将使你能重新调整和控制你的资产配置。假设没有再调整，市场的波动将改变你的配比，从而偏离最初设定的投资风格。

然而，对于征税账户的再调整通常都涉及到纳税（因为你是在卖出已获利的股票而买进你认为低估的股票），所以只有当你的资产配置发生了变化，并且大到让你的投资风格转变了的时候才应去调整。因此你应该考虑使用5/25法则来决定何时进行再调整，即资产比例脱离目标值，5%的绝对值或者

聪明的投资者也会犯的错误

25%的相对值。举例说明：某一资产类别的目标比重为30%，当其实际占比跌到25%或者涨到35%的时候进行调整（5%是一个绝对值）；某一资产类别的目标比重为10%，当其实际占比跌到7.5%或者上涨到12.5%时进行调整（相对于自身的变化幅度不超过25%）。而适当放宽再调整的范围，可以将税收的影响降到最低，同时投资组合的风险和收益仍然在控制范围以内。

投资组合的税收管理非常重要，这是一份日常中的工作，等到年底再来做税收规划将会错过很多好的机会。

第三部分　在制定投资策略时所犯的错误

错误 47
是否让税收主宰了你的决定？

最大限度地减少税收对收益率的影响是制胜策略中非常重要的组成部分，尽管如此，很多投资者犯了为避税而影响到投资决策的错误，有时候甚至带来灾难性的结果。下面就是这样的一个例子。

在 2004 年的 8 月，一位投资者幸运地以 100 美元的价格买入了 200 股谷歌的股票，这笔 2 万美元的投资占到了他 40 万美元投资组合的 5%，该投资组合一半的资产是长期国债。谷歌的股票随后一路暴涨，到 2007 年 12 月股价已经超过 700 美元了，市值达到了 14 万美元，几乎占到了他的投资组合的 25%（投资组合已经增值到 60 万美元）。此外，他总的股票比例已经从原来的 50% 上升到了 70%。

投资者意识到他的投资组合风险偏大了，其中一只股票占到了总资产的 1/4，并且股票所占的比例也偏高了，然而卖出股票意味着高额的资本所得税。假设联邦和州的各种税率总共为 20%，12 万美元的收益就意味着 2.4 万美元的应缴税款。于是他不顾已经偏大的风险，为了尽量减少纳税，他决定不卖出股票。

到了 2009 年 1 月，股价跌破了 300 美元，他持有的 200 股的市值低于 6 万美元了。假如他在 700 美元的时候将股票卖出，他将获得 11.6 万美元的净现金收益。此时他意识到自己失去了一次很好的机会，于是重新做了一遍计算，并且发现如果他在 300 美元卖出，税单仅仅只有 8000 美元，他仍将有不错的净收益 5.2 万美元，对比起最初 2 万美元的投入，于是他决定卖出持有的谷歌了。而为了避免 2.4 万美元资本所得税让他损失了 6.2 万美元。

股票成本价较低的投资者经常让税收影响到他们的决定，从而去承担较大的风险。

显然，从事后来看，这位投资者在面对大额资本所得税时，卖出股票

聪明的投资者也会犯的错误

依然是正确的决定。然而，防止犯这类错误是不需要事后孔明的，做到下面两点即可：首先是要有书面的投资策略说明书和配置再平衡表格；其次需要有遵守这个说明书的方针政策，投资策略说明书应该规定任何单只股票或者资产类别的目标比例和上下限。例如这位谷歌投资者可以设定 5% 作为目标额度，最大的持有范围可以定在 10%。假设股票占比超过了 10%，他可以卖掉足够多的股票重新平衡到 10% 甚至 5%（这就取决于他要遵循什么样的规则了）。

还有另一种办法可以让你避免税收的陷阱，它隐含在下面这句话中：唯一比纳税更糟糕的事情就是不需要纳税。

第三部分 | 在制定投资策略时所犯的错误

错误 48
是否将投机和投资混淆了？

风险一词在英文中是四字词语，但至少从通俗意义上来讲，它不是一个"坏"的词。当涉及到投资的时候，我们需要区分风险的两种类型：好的风险和坏的风险。好的风险是你因为承担风险而获得的补偿，投资者因为承担了系统风险——不能被分散掉的风险——而获得补偿，补偿的形式就是更高的期望收益。坏的风险就没有这样的补偿了，因此也被称为无报酬的风险或者非系统性风险。

投资股票同时面临这两种风险。股票的风险大于债券，因此股票提供了更高的期望收益率来补偿和吸引投资者。现在我们一起来看看这部分"坏"的风险（没有补偿的非系统性风险）。

股票组合的分散化

股票投资者面临着数种类型的风险（任何风险资产都如此，无论是股票还是债券）。首先，投资股票面临着系统性风险，这部分风险是无法分散掉的，无论你持有多少股票，或者多少种的资产类别，2008年发生的事情很好地说明了这一点。其次，不同资产类别有着不同程度的风险，大盘股的风险低于小盘股，成长型公司股票的风险低于价值型公司。这两种风险同样不可分散掉，投资者承担这类风险同样需要得到补偿。

第三类的股票风险来自具体的公司。而拥有某只股票的风险是很容易被分散掉的，只需要持有被动型的投资产品或者指数基金就可以了，因为这些产品里涵盖了所有的股票。这类投资工具以低成本和低税收的形式将单独一家公司特有的风险给分散掉了，注意这类投资工具的风险还可以进一步的分散化——全球性分散化——通过不同的资产类别，如国内和国际资产、大盘股和小盘股、价值股和成长股，甚至不动产和新兴市场等。

因为持有单独一只股票的风险可以被分散掉，市场不会补偿投资者去承担这部分风险。所以投资特定的公司不是投资，而是投机。投资是指承担系统性（可补偿）风险，其他没有补偿的风险的例子还包括投资特殊板块基金（比如医疗、科技板块），投资某国的基金（例如投资美国以外某国股票市场的基金）。谨慎的投资者能够区分投机和投资，因此他们只承担会得到补偿的那部分风险。

分散化的好处已经非常明显和众所周知了，分散化降低了投资表现不佳的风险，同时还在不降低期望收益率的情况下降低了收益的波动性和分散性，因此分散化的组合比集中度高的组合更加有效。现在的问题是，为什么投资者会去承担坏的风险呢？他们这么做，是因为他们犯了我们讨论过的各种错误，例如过分自信，将自己所熟悉的误认为是安全的，将信息误当作知识。

第三部分 在制定投资策略时所犯的错误

错误 49
你是否尝试在市场上选择时机交易？

> 对于聪明的投资者来讲应该很明显，如果某人有能力持续准确地预测股票的即时趋势，他将很快成为亿万富翁，并因此没有必要再出售股票，从而避免大众猜出他的意图。
>
> ——每周员工书信，1951 年 8 月 27 日
> 包布森公司
> 查尔斯·埃利斯《点津：来自大师的精彩篇章》一书引用

> 市场时机的选择永远不可能做到完美。
>
> ——马克·瑞耶普
> 嘉信集团投资研究中心副总
> 1997 年 11 月 27 日

> 投资者向猎鹿者和渔夫学习会做得更好，他们有耐心和坚持，并知道出现在正确的位置的重要性。所以当机会来临时他们绝不会错过。
>
> ——查尔斯·埃利斯
> 《投资方针》

在金融领域，"黑天鹅"事件是那些难以预测的，罕见得超乎正常预期的大事件。1987 年 10 月 19 日股市崩盘，道琼斯指数在一天里重挫 23% 就是一个例子。2010 年 5 月的瞬间暴跌同样也是。

假如投资者能够避免"黑天鹅"事件，那么其投资收益将发生巨大的变化。看看如下的内容：贾维尔·艾斯特拉达在《黑天鹅事件和交易时机》的研究中，对 15 个包括美国在内的发达国家股票市场做出分析，发现如果投资

者能够避开最糟糕的10个交易日，他们的回报会比持有型投资者高出150%，这份结果让择时交易显得非常具有吸引力。然而在被吸引之前，想想传奇投资者彼得·林奇的智慧箴言："投资者因为'准备'和'预期'市场修正所损失的报酬，比真正修正时的损失更大。"

伯努瓦·曼德勃罗和理查·哈德森的研究也支持了林奇的这一观点。他们研究了道琼斯工业平均指数从1916~2003年的每日变动，并指出，如果单日回报是正态分布的话，那么每日变动超过3.4%的日子总共只有58天。但事实上总共出现有1001个交易日满足这一条件。

而更加惊人的是巨大的波动幅度。日均波动超过7%的日子本应该30万年出现一次，而事实上在这段历史中总共出现了48次。

然而尽管有这些证据的存在，仍然有大量的个人和机构投资者对于择时交易趋之若鹜。通过对择时交易的研究，我们将知道是否应该相信择时交易。

我们从择时交易"专家"们的研究开始。《赫伯特金融摘要》的发行人马克·赫伯特研究了32个投资组合，在截至1997年的10年间采用择时交易策略的表现，同期标准普尔500的年回报率高于18%。下面是他的研究发现：

- 择时交易者的平均年回报率介于5.8%~16.9%之间。
- 他们平均年回报率为10.1%。
- 没有择时交易者跑赢了市场。

《莫尼研究》对85家投资管理公司进行了调查，它们的资产管理规模达到了100亿美元。下面是他的发现：

- 择时交易者的平均年回报率介于4.4%~16.9%之间。
- 他们的平均年回报率为11.04%。
- 没有择时交易者跑赢了市场。

小结

沃伦·巴菲特曾经指出："我们喜欢安静的行为反映了我们将股市作为财富再分配中心的观点，在这里资金从积极的投资者手中转移到了有耐心的人手中。"巴菲特认为投资者并不是平稳的获得收益。相反，更多的是从没有预期到的大涨或大跌中获得回报。鉴于在那些小部分的日子里发生的大事件，要准确预测进入和离开市场时机的几率接近于零。而真正的危险是当大幅上涨发生的时候,投资者却在市场外持币观望。

因此,真正的制胜策略应该是接受交易时机是无法准确把握的,同时将对"黑天鹅"事件的预期加入到投资计划书中。此外,全球性的分散化,包括配置优质债券都能够将组合的风险降至可接受的程度,并抵御不可抗的"黑天鹅"事件的发生。我们同意贾维尔·艾斯特拉达的结论:**"择时交易或许是一项有趣的娱乐消遣,但不是挣钱的好方法。"**

投资者可以通过建立投资策略说明书和相应的规则来忽视那些有娱乐性,但是无价值的预测,从而避免犯择时交易的错误。正如伍迪·艾伦所说:**"生命中大部分的成功是在于不要错过。"**

聪明的投资者也会犯的错误

错误 50
你是否依赖市场专家的预测？

> 对于像我一样的职业投资者，幽默感是必备的。我们非常清楚，我们不仅是在与市场平均做比较，也在跟彼此竞争。我们中的每一个人都宣称："我基金里的股票今天的表现要比你的好。"这好像在暗示我们觉得自己能够预测未来。而那只是骗人的行当。如果你相信你自己或者其他人有一套能够预测股市未来的系统，可笑的人就一定是你。
>
> ——拉尔夫·万格
> 《狮群中的斑马》

大概没有什么地方比股市更能体现正确预测的价值了，因此就不必惊讶于那么多人花费那么多的努力去试图预测股市了。而现在投资者所面临的问题就是应不应该依赖这些专家的预测结果呢？证据表明，答案是否定的！

尽管信息技术的创新以及学术研究的成就，持续准确地预测股市仍然是难以实现的。《预测业神话》一书作者威廉·谢登正是因为受到下列事件的影响而写了此书。在1985年，谢登在准备他作为专家证人的证词时，他分析了不同预测方法下预测的通货膨胀率，然后他将这些预测结果与"天真"预测法（简单地使用今天预测明天）进行比较，他惊讶地发现天真预测法的结果更加准确，而这种方法所战胜的是最负盛名的经济预测公司——他们有来自一流大学的博士和复杂的电脑模型。

谢登回顾了1979～1995年间主要关于预测准确性方面的研究报告，这些报告涵盖了1970～1995年间的预测内容。他得出的结论如下：

☞ 经济学家不能预测经济的拐点。他从经济学家做出的48次预测中发现，其中46次对拐点的预测是错误的。

第三部分　在制定投资策略时所犯的错误

☞ 经济学家的预测实际上是等同于猜测。即使是能直接或者间接影响宏观经济的经济学家（他们可能来自美联储、经济顾问委员会、国会预算局等）的预测结果也还是不如纯粹靠运气的猜测。

☞ 没有谁能在预测的准确性方面一直领先。

☞ 没有哪门经济思想能够产生出卓越的经济预测结果。

☞ 经验对于预测的准确性没有任何帮助。

☞ 共识预测并没有提高预测的准确度。预测可能受到心理偏差的影响，一些经济学家持续的乐观，而另一些则持续的悲观。

重视所谓"专家"的意见这种"智慧"在2008年给了我们很好的例子。2008年似乎是一个选股能力很容易被证明的年份，因为当年主要的市场都遭遇了大幅下跌，而又的确有一些股票，例如沃尔玛公司，逆市上涨。让我们来看看那时候金融媒体的预测吧：

☞ 《财智月刊》的年度增刊《投资方向》搜寻全世界各地投资良机，并且指出了数十家公司"很可能在世界经济充满困难的情况下盈利增长"。结果：从推荐发布日期2007年11月2日直至2008年12月31日，12只推荐的股票平均跌幅为52.4%，而同期标准普尔500下跌40.2%，道琼斯工业平均指数下跌35.4.%。

☞ 一位曾经成功预测1987年股灾的基金经理预计2008年标准普尔500将会上涨20%："我们的模型显示标准普尔500被低估了25%……我们的指标非常利多。"结果：失望。

☞ 一位资深分析师看好市场仍然有投资价值，包括那些被次贷"拖累过头"的股票：诺思通、蒂凡尼、杰·克鲁，还有他最看好的美国国际集团。结果：价格平均下跌了71%。

不幸的是，对那些依赖分析师和策划师预测的投资者而言，这些预测只会给预测者带来财富，而不是投资者。福布斯杂志总编辑史蒂夫·福布斯无比赞成这一点，并引用他祖父（80年前创办了该杂志）的话："通过卖空这些建议（而不是买进），投资者能够赚到更多的钱。"我们同意彼得·林奇的结论："那些轻率浮躁的投资者追逐热门信息，并且一窝蜂地买入和卖出股票，对于他们而言，'投资'就如同买马时挑选好听的马名或者看中骑士的紫色丝巾……但在赛道上输掉至少你还能够说你有过一段愉快的时光。"

聪明的投资者也会犯的错误

在《预测业神话》一书中谢登为投资者提供了以下建议：

避开择时交易者，他们承诺的回报是无法实现的；取消你订阅的市场时机通讯；让那些推销最新交易时机方案的投资顾问离开；不要理会新闻媒体上的预测，他们根本没有线索……不要问你自己和他人市场会怎样，这是一个不相关的问题，因为根本就没有答案。

第三部分 在制定投资策略时所犯的错误

错误 51
你是否为了提高收益率而使用杠杆？

许多投资者经常因为受到证券经纪公司的鼓动，而企图通过使用杠杆来提高收益。杠杆是指投资者使用保证金交易（借钱来投资）来增加可供投资的金额。当从经纪公司借钱来投资股票时，借款的上限通常都是投资者原始投入的金额。经纪公司鼓励投资者使用保证金交易，是因为这是一门没有风险的生意（他们借出的钱有抵押物，而且价值比借款更高），并且利润丰厚。此外，从增加的投资里经纪公司还能赚取到更多的佣金及其他收入。因此无论如何我们希望说服你：不要使用保证金交易。

假如投资者拥有价值 10 万美元的股票，证券经纪公司会愿意再借出 10 万美元，假设投资者用这笔钱购买了更多的股票（所持有的股票用作 10 万美元借款的抵押品）。该投资者总共则持有了 20 万美元的股票以及 10 万美元（50%）的保证金。证券公司允许投资者维持其债务，只要保证金不超过总共持有股票的 70%。在我们的例子中，股票市值将不得低于 14.3 万美元（因为 14.3 万美元的 70% 就是 10 万美元）。如果股票市值低于了这个水平，投资者就会收到追加保证金通知。那样的话，投资者就必须选择偿还债务，或者重新把保证金比例降到 70%，又或者提供更多的抵押品。

投资者为什么使用保证金交易呢？答案很简单：为了提高总的回报。从 1926～2010 年，标准普尔 500 的年回报率为 9.9%，比无风险的 1 个月到期的短期国库券高出了 6.3 个百分点。现在来看看保证金交易能够带来怎样的回报。有一点值得注意的是，投资者不能以无风险利率借到钱，保证金的利息通常比 1 个月伦敦银行间拆借利率高出 1.5～3 个百分点（LIBOR——银行间彼此拆借的利率）。具体高出多少取决于投资者与证券公司的关系有多深。为了便于说明，我们假设这部分息差为 2%。从历史数据来看，伦敦银行同业拆借利率比 1 个月到期国库券高出 0.5 个百分点（在 2008 年金融危机时曾扩大至 4 个百分点，在年底缩小至 1 个百分点左右）。因此，用保证金购买股票的投资者的风险溢酬（用我们的假设）将比 6.3% 低了 2.5 个百分点。

这也就是说，投资者使用保证金交易，借来的钱所获得的收益比自有资金获得的收益低了 2.5 个百分点，同时他们还承担了更大的风险，因为未使用杠杆的投资者能够等到熊市的结束（假设他们需要遵守这样的投资规则），而保证金交易的投资者则需要面对追加保证金才能做到。假如投资面临损失并导致保证金贷款占比超过了抵押品价值的 70%，证券公司会提前收回借款。如果投资者不能提供更多的抵押品，或者将保证金贷款降至 70% 以下，证券公司有权卖出抵押品（他们十有八九会这么做）来将借款降至需要的水平。因此投资者面临被强制出售持有股票的风险。而强制性的追加保证金通知在严重的熊市中非常频繁地发生。比如 2000~2002 年，以及 2008 年的时候，而卖出所持有股票的投资者将再也不能分享到未来可能的价格回升。

理性的投资者只会当他们有更高的期望回报的时候渐进地增加风险。保证金交易的投资者使用借款来投资并获得更低的回报，但是却承担了更大的风险。因此我们能够得出结论，处于投资目的而采取保证金交易不是有效使用自有资本的方法，其收益和所承担的风险是不相称的。我们可以通过瑞德克斯新星基金的表现来看看使用保证金交易是如何的低效。

新星基金是一只杠杆化的无佣金基金，它对应了 1.5 倍的标准普尔 500 的收益率——通过购买股票、股指期货及股指期权来实现。对于投资者来讲关键问题是，新星基金是否真的提供了比标准普尔 500 高出 50% 的收益率呢？1994 年是新星基金首个完整运营的年度，从 1994~2010 年，标准普尔 500 的年收益率为 8.3%，遗憾的是，新星基金没有提供哪怕是接近 1.5 倍的收益率。事实上，其回报率仅仅为 6.1%。此外，与市场风险的相关系数的增加使得其标准差比标准普尔 500 的 20.7% 高出不少，达到 29.6%，其结果是，瑞德克斯新星基金的投资者获得了 73% 的标准普尔 500 的收益率，但是却承担了 143% 的波动率。

小结

使用保证金交易是提高预期回报非常低效的办法。假如你希望提高投资组合的预期回报率，更加谨慎和有效的办法是增加风险资产的配比——小盘股和价值股。而这样做的另一好处是你不会收到追加保证金的通知。

第三部分　在制定投资策略时所犯的错误

错误 52
你是否明白只有一种办法能使你成为"买入并持有"型投资者？

如我们所见，投资者择时交易的努力结果证明了买入并持有才是真正的制胜策略。然而遗憾的是，很多投资者在执行买入并持有策略时犯下了一个错误。要成为买入并持有型投资者只有一种办法，因为只有一种办法能够保证你的资产配置始终维持在你期望的配置比例，那就是持有被动管理型的基金（指数基金、交易型开放式指数基金以及被动型资产类别的基金）。买入并持有型投资者假如使用积极管理型的基金来执行他们的资产配比方案，有可能因为择时交易和风格转移而导致设计好的策略不能被执行。因此，虽然投资者仍然是被动投资的，但是基金经理的主动管理破坏了买入并持有的策略。

大部分积极管理型共同基金的经理都能很自由地去调整资产配置比例。因此这些基金的投资者不仅对资产配置失去了控制权，还可能不知情地投资了一些他们原本想要避免的市场和投资工具。最好的例子（但绝不是唯一的）或许就是传奇的富达麦哲伦基金了。

多年来，许多的投资者将他们投资组合中的股票部分押注在了麦哲伦基金上。然而在1996年2月时，麦哲伦基金的资产中股票配置仅仅为70%，其余的则是20%的债券和10%的短期可出售的证券。麦哲伦基金那时候的经理是备受推崇的杰弗里·维尼克，显然他当时将赌注压在了长期债券和短期可出售证券上，认为这两者的收益率会超过股票市场。

维尼克的赌注又是如何影响到投资者的资产配置的呢？让我们假设一位投资者，她有10万美元的可投资资产并寻求80%的股票和20%的债券配置，于是她将8万美元全部投入到富达麦哲伦基金，而由于维尼克所采取的策略，这位投资者实际上只有5.6万美元（$\$80000 \times 70\%$）投入在了股票上。

聪明的投资者也会犯的错误

	期望配置		实际配置	
股票	80%	$80000	56%	$56000
债券	20%	$20000	44%	$44000
投资组合	100%	$100000	100%	$100000

由于富达麦哲伦的投资风格转移，这位投资者的股票配比为56%，明显少于她期望的80%。购买积极管理型基金就意味着允许了别人去调整她所制定的策略。而这里的关键点不是维尼克的投资决策，而是这位投资者失去了对其资产配置的控制。顺便说一下，股票市场随后飙升至新高，而债券则一路下跌，而维尼克则离开了麦哲伦。值得一提的是，从1985年2月起至1995年6月，富达麦哲伦基金的组成"多变到让投资者几乎不能确定他们是投入到了哪类资产以及承担了何种风险"。这是一个对于买入并持有型投资者而言非常痛苦的例子。不幸的是，这类例子并不少见。

小结

富达麦哲伦的例子，展示了为什么说只有一种办法来避免这类损失——投资者只能投资被动管理型的基金。然而，这也仅仅是买入并持有型策略成功的一个必要条件而已，充分条件则是投资者需要定期对其资产组合做出再平衡调整。因为不同资产类别的价格改变的幅度不同，要保持期望的配比就需要定期做出再调整。否则，市场的变动同样会导致投资风格的转移（如同积极管理型基金）。换句话说，买入并持有策略并不是指买入以后则什么都不用做了。

第三部分　在制定投资策略时所犯的错误

错误 53
你的投资顾问是否只顾赚取佣金？

> 零售经纪业务自诞生以来就伴随着一个问题，经纪人有着强烈的动机去鼓励客户交易，而置客户的利益于不顾。
> ——《商业周刊》，1997 年 7 月 14 日

> 股票经纪人的定义：将资产从你的账户转移至他们账户的人。
> ——匿名

除非你是一位纯粹靠自己的投资者，否则你的投资总会跟投资顾问联系上。投资顾问通常是指股票经纪人或公司，或者注册投资顾问人或公司。我们强烈建议，你的投资顾问应该是"只收费"类型的，而不应该是那些依靠赚取佣金的。

"只收费"的关系能够确保投资顾问的利益和你的利益是一致的。这些投资顾问唯一兜售的就是他们的建议，除此之外没有任何人再提供给他们任何报酬。大部分"只收费"的投资顾问的收入是以他们管理的资产额度来计算的，这样能保证他们与投资者的利益是一致的。你的投资组合价值越高，他们获得的报酬也越高，激励他们的是你的投资组合的表现。而如果你的投资顾问依靠佣金收入，那么就不能保证他兜售给你的投资产品真的符合你的最大利益了，因为他能通过兜售这些产品获得佣金收入。请记住，以佣金为收入基础的投资顾问不仅仅是在提供投资意见，他们还在销售投资产品。

这类利益冲突最糟糕的例子就是，向利润分享计划和其他税务递延账户的投资者兜售昂贵的可变年金产品（这里需要指出的是，法律规定，在"旧"的 403（b）计划下可变年金必须归于税务递延退休计划，而新增的 403（b）—7 改变了这一规定）。想象一下，可变年金唯一的价值就是能提供税务递延，当然就没有任何的理由在投资账户已经提供税务递延的情况下还去购

买昂贵的可变年金了。显然，兜售这些产品的经纪人可以获得最高达8%的佣金收入。

赚取佣金的投资顾问很有可能向你推销昂贵的、避税效果差的积极管理型基金，而不是指数基金，最主要的原因并非他们相信积极管理型基金的表现会更好，而是他们能通过你的持有量而获得佣金或者回扣，当然也有可能是投资顾问的确相信有一些积极管理型的基金会跑赢市场和基准。但是你不能确定他们的动机，除非他们是"只收费"的，这样才能保证你们有共同的利益。参考下面这段备忘录，一家证券经纪公司的销售人员在回应客户所提出的关于指数基金的疑问，对于那些听说过被动管理型基金的卓越回报率的客户，这些销售人员都简单的报以这样的回答：

指数基金是被动管理的共同基金，他们只是挑选某一个热门的指数，例如标准普尔500，买入并持有所有的股票，因为他们的换手率低，并且不需要大量的研究人员，因此大多数这样的基金的营运费用都比较低……指数基金的表现受到两个因素的影响：指数本身的表现，以及运营和发行基金的费用。一只基金想要在证券经纪业界取得成功，它必须支付给经纪人足够的报酬——前期佣金或者定期的服务费用。正因如此，经纪人代销的指数基金的表现将不如无佣金的指数基金。而这也是为什么大部分的指数基金都是由免佣基金集团所提供的（这是我们的重点）。

多数证券经纪公司和赚取佣金的投资顾问不卖指数基金，究其原因，并不是因为指数基金的回报率不好，而是因为投资者在其他地方购买的价格更低。此外，它并不能提供足够的报酬给证券经纪人，他们考虑的重点是如何产生各类费用，而不是真正的帮助客户获得最好的投资结果。共同基金的发起人避免跟踪指数，因为尽管这对投资者更加有利，但是对于共同基金发起人并不是非常的有利可图。他们将跟踪指数视作赔钱的生意，而这显然是与投资者的利益冲突的。

当涉及到个股的时候情况是一样的。证券经纪人或做市商（通过做市赚取买卖差价）以佣金为基础的薪酬需要投资者交易来为他们创造收益，因此即使对于投资者而言可能最好是什么都不做，但他们仍然有动机去鼓励投资者积极交易。"炒单"这一行为就是导致许多投资者诉讼的原因。

还有另外一个问题，当投资者希望购买债券的时候也会有利益冲突。证券经纪公司可能持有一些库存债券需要清仓，他们会通过提供更高的佣金来鼓励公司的经纪人将这些债券出售给不明真相的投资者，而投资者或许将因此买入一些不符合他们期望到期日和信用风险的债券。此外，除了佣金通常在购买协议上有所体现，证券公司还可能将库存的债券高于市价卖给投资者，而投资者往往对此并不知情。在这一点上，市政债券和公司债券让投资者特别受伤，因为它们的价格不像股票那么透明。因此，尽管你能看到佣金的费用，但实际发生的费用往往要再高出1个百分点或者更多。除了通过更低的回报率来判断，投资者几乎永远看不到这些成本。而这是可以避免的：要求投资顾问（公司）从不同的批发做市商以最优惠的价格购买证券。

聪明的投资者也会犯的错误

错误 54
你是否花了过多的时间去管理你的投资组合？

你不应该花过多的时间在你的投资上，那将引诱你将你的植物拔起来看看根长得怎么样，这当然对根的生长非常不利。而你的睡眠也将因此变得糟糕。

——保罗·萨缪尔森
引用自《投资巨人》一书，乔纳森·波顿

投资者荒谬地花了大量的时间试图去控制一件他们几乎无能为力的事——他们的投资回报率。他们尝试挑选热点股，找出明星基金经理，并且猜测市场的方向。而这一切即使不是不可能的，也是非常难以实现的。

——乔纳森·克莱门茨

人们有一个特点，你甚至可以把它称作一点点赌博的本能……我告诉你"投资"是平淡无趣的，它本就不应该是令人兴奋的。投资应该就像看着油漆变干，或者看着小草生长一样。如果你想要刺激，带上 800 美元去拉斯维加斯吧。

——保罗·萨缪尔森
彭博，1999 年 9 月

拉里的第一本书出版后不久，他接到了一位医生的电话向他讲述了这样一个故事。那时候这位医生才工作没几年，他有一个三口之家，妻子正好怀孕了。那时他见很多朋友从股票买卖中获得很高的利润，他也因此对日交易产生了高昂的热情。于是工作了一整天后，他回到家不是冲向他的太太，而是奔向电脑。接着数小时他研究图标和投资报告，并关注聊天儿论坛。在短

第三部分 在制定投资策略时所犯的错误

短的几个月内,他把他小小的投资额扩大到了 10 万美元。不幸的是,他的太太却没了丈夫,他的孩子也没有了父亲,现在这位医生"娶了"他的电脑。随着他的太太开始严重质疑他们的婚姻,"幸运的"他在短短的几个月里就损失了所有的利润。

真正幸运的是这位医生后来意识到,他最初的获利都是因为运气,就像赌桌上的热手。他还承认,他当时没有注意到他生活中最重要的部分:他的家庭。有人建议他去读拉里的书,他照做了,并因此打电话给拉里,感谢帮助他不仅成为了投资中的胜利者,也成为了生活中的胜利者。

跟踪指数和被动投资可能会很枯燥,但是能确保你以很低的成本和节税的方式获得市场回报率。你也将不用再花费时间去观看 CNBC(美国全国广播公司财经频道)和阅读财经刊物,布雷恩特·奎因认为这些基本上就是"投资类色情制品"。相反,你有更多的时间陪伴家人,参加社区服务,读一本好书,或者从事那些你最喜欢的兴趣爱好。请记住,投资从来就不是令人兴奋的事情(尽管华尔街和金融媒体希望你不这么认为),投资应该是以最少的风险去实现你的财务目标。

加拿大帝国商业银行证券公司的总裁兼首席执行官特德·卡茨比这样说道:"成功的投资(和生活一样)在很大程度上取决于让概率对你有利。而让市场的概率对你有利再简单不过了,因为最好的投资策略就是什么都不做。"

生命中最大的悲剧并不是绝大多数的投资者不必要的错过了市场回报,尽管他们仅仅通过采用被动投资策略就能获得,最大的悲剧是他们错过了生活中最重要的一件事情——追求进步和卓越。这就是为什么这本书不仅仅是帮助你避免犯一些精明的投资者也会犯的错误,也是在帮助你如何在生命之旅中取得胜利。

聪明的投资者也会犯的错误

错误 55
你是否有了法定继承人？

拿破仑·波拿巴被普遍认为是最伟大的指挥官之一，世界各地的军事院校都在学习他的战役，他还开发了一些军事上的创新。他在军事上成功的最大原因，或许可以引用一句他自己的话来总结："大部分战斗的胜败在第一声枪响之前（战斗的准备阶段）早已经注定了。"

每一年，美国人在准备将自己的资产转移给他们的继承人上的开销就达数十亿美元，他们雇佣高效的遗产和税务规划师并设立复杂的工具，比如家庭有限合伙制、人寿保险信托、公益剩余财产信托、公益领先信托以及其他各类信托，然而尽管这些顶尖的专业顾问尽了最大的努力，据估计仍然有"70％的遗产规划导致了资产的流失和家庭的不和睦"。考虑到这些专业人才的投入，不大可能是因为遗产规划的设计出了问题，那是什么原因导致大部分的遗产计划最终失败的呢？

根据《转让后的遗产规划》一书的两位作者罗伊·威廉姆斯和维克·普莱瑟来看，"遗产转让后出现的问题主要是源自家庭内部"，而主要原因则是继承人没有做好充足的准备，继承人之间彼此不信任，以及沟通不畅。换句话说，这些家庭和他们的顾问将更多的经历花在了财产的转让上，而很少关注继承人应该如何集成这些财产。

父母最担心什么呢？

以下是父母最关心的关于财富及财富对孩子影响的五件事：

（1）过分强调物质。

（2）对于金钱价值的认识过于天真。

（3）入不敷出的开支。

（4）因为富裕而不再积极。
（5）脱离父母的期望。

这些就是他们关注的焦点。然而，虽然大部分的家庭都担心这几个问题，他们遗产规划的重心却并不是在家庭价值的传承，而是在税收、财富保值与支配上。于是大家最关心的问题和花费最多努力的事情有了明显的偏差，因此大部分遗产规划最终失败也就不足为奇了。

你的继承人是否为继承财产做好了准备？

判断你的财产继承人是否已经做好了准备，威廉姆斯和普莱瑟建议你问自己一些问题：

- 你的孩子（以及他们的配偶，假如有的话）是否知道该遗产计划？
- 他们是否读过了你立下的遗嘱？
- 他们是否知道整个家庭的净资产，包括你名下的资产和他们自己名下的（假如有的话）？
- 他们与你的顾问团队有交流吗（你的律师、会计、财务和投资顾问）？

另外两个非常重要的问题：你的孩子们是否有参与你的投资策略说明书的构建？他们是否熟悉你的投资策略、目标和对资产的管理？

禁忌话题

遗憾的是，在大多数的家庭，钱以及财富相关的问题都被当作一个禁忌的话题，而这种不参与的情况就一代代的传下去了。因此，对于上面的问题，多数的回答都是否定的，这也解释了为什么遗产计划的失败率如此的高。这个问题的解决办法是，尽管家庭的财富是一件私事，但在家庭内部应该是公开的。

如果没有做好计划，那就计划好了失败

威廉姆斯和普莱瑟的建议是，遗产计划要想成功，继承人（及其配偶）应该对遗产计划的设置有影响力。在众多问题中有一点需要解决的是，遗产

规划是否与继承人的技能和兴趣相匹配；遗产计划应该是为继承人履行今后的责任所准备的，继承人应该知道他们的财富对于其家庭的影响，以及这些财富的职责。

因此，财产转让计划应该包括一份家庭财富使命声明（FWMS）来解决以下问题：

（1）FWMS详细说明了家庭财富的主要目的和执行该目的的策略，并且定义清楚各个角色。

（2）重要的决定需要所有家庭成员的参与。

（3）家庭成员可以选择参与资产的管理。

（4）继承人是否理解并进入自己的角色。

（5）继承人阅读并理解了所有的文件。

（6）财产分配时基于继承人是否准备就绪，而非继承人的年龄。

（7）使命声明中应该包括对于继承人的激励和给予他们的机会。

（8）鼓励年轻的孩子也参与到慈善资助的决策中。

（9）家庭团结被视为重要的资产。

（10）家庭内部沟通良好，并且定期举行交流活动。

建立家庭财富使命声明（FWMS）的好处

☞ 文件清楚地表明了为何创建使命声明，以及为何你以这种方式管理和分配你的财产；文件还应该说明你是如何获得和积累到这些财富的，什么样的经历形成了你的理财理念，这些财富对于你意味着什么（对你有多重要），以及你希望传递什么样的价值给后人。

☞ 创建使命声明的过程将帮助你确定你所重视的人或者组织，并引导你做出对你最有意义的财富转移决定。作为对你的继承人的明确说明书，FWMS可以被用作传递你的个人价值给后代的工具。它能够表明你认为你对谁负有责任，你热爱并期望资助哪个慈善团体和组织，以及为何你要将一部分财产赠予该慈善团体或组织。

☞ 使命声明将你的意愿简洁地告知了你的顾问，为投资顾问去找寻适合你的投资策略省下了时间和金钱。因此，声明应该明确地表明你需要多少钱来维持你的生活，以及你希望遗留多少钱给你的继承人，并明确为什么你认为这会是一个合适的数目，以及通过遗留这笔钱你希望能够实现怎样的目的。

最终，家庭财富使命声明还应该署名并注明日期，以此来表示这是一份有效的文件并且正确地反映了你的意愿。

小结

这则内容的寓意是，大部分的战斗都赢在准备阶段，家庭财富转移的成功与否不仅在于传递财富，还包括传递家族的价值观。

聪明的投资者也会犯的错误

错误 56
你是否毫无计划就开始了你的投资旅程？

理性的旅行者绝不会在没有地图和方向的情况下开启一段未知的旅程。 同样的，理性的商人开始一项生意也必定是经过了细致的考察和周详的计划的。投资也一样，任何一个理性的决策必然要考虑其对于整个投资组合的风险和回报的影响，以及实现该目标的可能性。如我们在前面章节所提到的，**如果不做计划，那就是在计划着失败**（一句古老而智慧的谚语！）。然而仍然有许多投资者在开始他们的投资旅程时没有计划。一份投资政策说明书展示了该投资计划的目的，以及计划如何达到这些目的。投资政策说明书包括了正式的资产配置方案，确定了各资产类别的目标配比，以及容许的波动幅度和再平衡目标。一份书面的投资政策说明书就像一个路标，它提供了坚持一个策略所需要的纪律和指导。

一份商业计划需要定期检阅，以确保它适应不断变化的市场条件。投资政策说明书也一样，是一份动态的文件。假如任何该计划的基本假设改变了，说明书就应该被调整以适应这一变化。改变生活的事件（例如出生、结婚、继承一大笔遗产，或者新的工作等）对于资产配置的决定有着巨大的影响力。因此，投资政策说明书和资产配置决策应该随着生活中主要的事件随时更新。

市场的走势也会导致投资政策说明书和资产配置的前提假设发生改变。例如 2008 年之前我们所经历的这波大牛市，在这一时期累计了显著资本的投资者可以因此降低他们承担风险的需要，而同时，股票价格的上涨降低了未来的预期收益，对于那些资金量少的投资者而言（可能是刚刚开始他们的投资生涯）则有相反的效果。预期收益率的下降意味着，要实现相同的预期收益率，投资者需要分配更多的资本来购买股票，否则收益率会低于过去的水平。熊市的情况正好相反，有足够资本累计的投资者承担风险的需求会变大，而资本相对较小的投资者则相反。

第三部分　在制定投资策略时所犯的错误

投资计划的基础

通过描述和制定出谨慎和个性化的投资策略，投资政策说明书是良好的投资计划的基础。圣塔克拉拉大学行为金融学教授迈尔·斯塔特曼指出了心理在投资行为中的重要性，并将其与防抱死制动系统做比较，"当高速行驶时，我们前面的汽车快速地停了下来，我们本能的猛踩刹车并将其锁死。就跟所有的研究结果一样，车子失去了控制。"斯塔特曼建议投资者在管理投资组合时也要有防抱死制动系统：

对于投资形势我们凭本能做出的反应，就像在以前遥远的战场上我们本能的反抗并拯救了我们的生命一样。但是，这些做法在今天却适得其反，就像我们锁死了刹车一样。当市场下跌时，我们出于本能的恐惧而想逃走的愿望是如此的强烈，就连最理性的投资者也屈从恐惧并导致了自己的失败。而当市场一路上涨，就连最坚定的空头也看多时，人们又远早的将股票抛出。

投资政策说明书（IPS）可以作为投资者的防抱死制动系统。你的说明书将帮助你有投资的规则和纪律可以遵守，并降低因为情绪而影响到投资决策的风险（牛市时的贪婪和嫉妒，以及熊市时的害怕和恐惧）。

在制定一份投资政策说明书之前，你应该全面地检查你的财务状况和个人状态。每个人的财务状况、工作稳定度、投资期限、风险忍受能力，以及所需要的紧急储备金都不同。投资者不应该孤立地去制定投资政策说明书，相反，它应该与全面的财务规划融为一体，能够解决投资和整个风险管理上的所有问题（例如债权人保护，生活所需——健康、残疾、长期护理，债务，甚至长寿保险等）。

投资政策说明书应该包含列明你的各个明确的目标清单，例如：

☞ 投资组合的目标净值或者财务目标。
☞ 你每年将投入多少金额的资产到你的投资组合里（假设你正处在积累阶段）。
☞ 你计划什么时候开始从你的投资组合提款。
☞ 你每年提款的数额（或者百分比）。

这将有助于你跟踪实现目标的进程,并能够适时地做出调整。

下一步则是将资产配置列入说明书,首先要决定股票和债券的比例各为多少。在这两大类资产下,你需要为单独的资产类别制定适当的比例,例如小盘股、价值股、新兴市场股等。接着为各资产类别设定一个浮动范围,当市场波动导致它们占比超过了某一限度时,你需要对资产组合做出配置的再平衡。

在进行再平衡时很重要的一点是,要将资产的大类和小类分开来看,在下面表格的例子里你将会注意到,在国内股票这一类别下,各小类别的资产都在其设定的波动范围内,但是国内股票作为一个整体却超出了设定的范围。这就意味着虽然小类别的资产都在原定的波动范围内,投资组合仍然面临配置的再平衡。

再平衡表格示例

资产类别	最低占比(%)	目标占比(%)	最高占比(%)
美国大盘股	7.5	10	12.5
美国大盘价值股	7.5	10	12.5
美国小盘股	7.5	10	12.5
美国小盘价值股	7.5	10	12.5
房地产	7.5	10	12.5
美国市场合计	45	50	55
国际大盘价值股	3.75	5	6.25
国际小盘股	3.75	5	6.25
国际小盘价值股	3.75	5	6.25
新兴市场	3.75	5	6.25
国际市场合计	15	20	25
股票合计	65	70	75
名义债券	7.5	10	12.5
通胀保护债权	15	20	25
债权合计	25	30	35

第三部分 在制定投资策略时所犯的错误

最后一点，建立财务计划不是一次性的过程。你的财务状况总是变化的，即使没有其他原因，随着时间的流逝投资期限也会改变。财务规划因此是一个动态的过程并受到诸多情况的影响：市场状况（影响你承担风险的需求）、职业的改变（影响你承担风险的能力）、婚姻状况（影响你承担风险的能力）、遗产继承，以及其他改变生活的事件等。例如熊市甚至会改变你对一些自身状况的基本假设。所以每一年你都应该重新检查你的财务计划书，并确保你构造计划书的所有前提假设依然成立。

聪明的投资者也会犯的错误

错误 57
你是否理解风险的本质？

我们生活的世界里水晶球不能够告诉我们未来是怎样，因此谨慎的投资就是对风险和预期回报的管理，投资者和投资顾问所共同面对的问题就是风险究竟是什么。如你所见，风险可以是很多不同的事情，而对于不同的人这些事情又各有不同，因此投资者和投资顾问就面临着决定最需要管理哪些风险。

风险最常用的学术定义就是标准差——一种衡量波动率的方法。但不幸的是，两个有相似标准差的投资仍然可能带来完全不同的投资回报。因为有些投资呈现出来的是标准正态分布（我们熟悉的钟形曲线），而有些则表现出峰度和偏度的特征。我们首先会介绍这些术语的定义，并解释为什么理解其含义至关重要。

偏度衡量的是分布的不对称性，也就是说，历史收益率的形态并不像标准的正态分布，负偏度的情况是均值左边的数量少于右边，例如，收益率序列—30%、5%、10%和15%的均值正好是0%。在这组收益率里只有一次低于0%，其余三次都高于0%。但是唯一的这次负收益率其绝对值却远远大于这些正收益率。正偏度的情况是均值右边的数量少于左边，但是距离均值更远（绝对值更大）。

行为金融学的研究发现，一般来讲，人们喜欢具有正偏度的资产。证据是，当某一资产展现出正偏度时，人们愿意接受低的、甚至是负的期望回报，典型的例子就是彩票。另一方面，人们通常也不喜欢负偏度的资产，高风险资产类别（例如垃圾债券，新兴市场）具有典型的负偏度；还有一些投资工具，例如对冲基金也表现出负偏度。

峰度衡量的是极值（远大于或远小于均值）发生的概率跟正态分布比起来是更高（高峰度）或是更低（低峰度）。高峰度导致的极值被称为肥尾，肥尾表示极大值和极小值发生的概率都比正态分布要高。相反的情况则是低峰度导致的瘦尾。

对于投资者而言，了解偏度和峰度的存在（不同于标准正态分布）是非常重要的，因为仅仅关注回报的标准差可能导致对投资风险的错误估计，换言之，风险被低估了。

另外一种衡量风险的方法是考虑负面结果发生的概率，这特别适用于风险厌恶型的投资者，他们在风险真正显现出来的时候更容易放弃规则并偏离设定好的计划。

按照同样的思路，风险也可以被定义为没能实现财务目标的概率。有一点非常重要，投资组合未来的回报不应该被视为单一的一个点，而应该视为一系列潜在结果的分布。使用蒙特卡洛模拟可以帮助预测失败的概率（风险）。

另一种风险，虽然纯粹是心理上的，就是常说的跟踪误差。例如，那些构建全球性分散化投资组合的美国投资者所获得的回报可能会与"市场"回报明显不同，"市场"指的是涵盖面广的一个主要指数，例如标准普尔500。在有些时间段（例如2000～2003年）当跟踪误差为正，投资者会喜欢这样的分歧；在有些时间段（例如1998～1999年）当跟踪误差为负，投资者将不喜欢这样的分歧。负的跟踪误差可能会导致无法遵守投资规则。因此，对于跟踪误差敏感的投资者应该考虑尽量减小或者完全避免跟踪误差的出现。

还有另一种风险需要投资者和投资顾问处理，特立独行的风险。正如罗伯特·阿诺特所指出的：

> 实践中大家"知道"，投资中最危险的是独自犯错。照常规的失败要比不按常规获得的成功更容易被接受。投资者做出不同于他人的决定本身就要承担犯错的风险。如果投资者真的独自犯了错，那么他极有可能没有耐心真正地坚持这项投资决定。

长期来讲，正确的决策，也有可能在成功之前被推翻。我们都熟悉什么是"同病相怜"，获得相对较低（但仍然为正）的投资回报时会产生一种心理风险，人们往往更容易放弃投资计划，但是当身边每个人都经历损失的时候，他们却不会这样做。

虽然标准差是衡量风险非常重要的一种方法，但绝不是投资者在构建财务计划和投资政策说明书时唯一需要考虑的，谨慎的投资者在制订他们的投资计划时会考虑所有的风险（实际的和心理上的）。

第四部分　在构建投资组合时所犯的错误

第四部分　在构建投资组合时所犯的错误

错误 58
你是否孤立地看待投资？

史蒂夫·纳什是 NBA 菲尼克斯太阳队的控球后卫,看看他职业生涯的数据,其中某些是非常普通的。至 2010～2011 赛季结束,他平均每场得 14.6 分和 3 个篮板,显然还有很多被认为是更好的球员,他们有着更加漂亮的数据,洛杉矶湖人队的科比·布兰恩特就是这样一个例子。然而史蒂夫·纳什常年入选全明星阵容,并且两次获选最有价值球员,而布莱恩特直到自己的第 12 个赛季,也就是 2007～2008 赛季才终于获得这一荣誉。至少到 2010 年结束,纳什获得了更多的最有价值球员称号。

纳什获得这样的荣誉是因为他的贡献超越了他个人的数据,尤其是得分和篮板。纳什最大的贡献是他使得身边的每一个队友都表现得更好,这方面的有力证据是,纳什的助攻数总是排在联盟的最前列,职业生涯中场均助攻为 8.5 次,这项特质也是为什么他被认为是那个时代最伟大的得分后卫的原因,这也就是为什么在判断一名球员价值的时候不能只孤立地参考他的统计数据,而应该考虑这名球员如何影响到球队整体的表现。

同样的道理也适用于投资。投资者,甚至专业的顾问都常犯的一个错误是,他们往往孤立地看待某一资产类别的风险和回报。就像衡量史蒂夫·纳什价值的唯一正确的方法就是,看他的发挥如何影响整个队伍,衡量一份资产唯一正确的方法就是看它的加入如何影响整个投资组合。

1990 年,哈里·马克维茨因为他对现代投资组合理论的贡献被授予了诺贝尔经济学奖。马克维茨证明了将一项相关度低的风险资产加入到投资组合内,组合在不增加风险的情况下获得更高的回报(换句话说,降低风险却不降低收益率)。下面的例子展示了将投资作为一个整体考虑的重要性。

从 1991～2007 年,标准普尔 500 的年回报率为 11.4%,标准差为 17%。同时期,标普高盛商品指数年回报率为 6.8%,标准差为 25.6%。为什么会有人考虑将这一收益率更低而波动率更高的资产类别加入到原有的投资组合里呢？假如你孤立地考虑一项投资的话，你是不会添加这类资产的。

然而，假设投资组合由95%的标准普尔500和5%的高盛商品指数构成的话，其年回报率仍然为11.4%，但是标准差则由17%降到了15.9%。导致该结果的原因是两类资产类别间的负相关性（−0.20，负相关性表现为某一资产获得高于平均回报时另一资产类别的回报低于平均水平）。每一位投资者因此都会乐意将这一更低回报、更大波动率的资产类别添加到自己的投资组合中。

当孤立地考虑时，大宗商品的确是更低回报、更高风险的资产。然而从历史记录来看，添加大宗商品的确提高了投资组合的收益率。

再看看这个例子。1970～2007年，摩根士丹利资本国际指数的年回报率为11.6%，标准差为21.6%。同一时期，标准普尔500的回报率为11.1%，标准差为16.6%。现在设想一下作为欧洲的投资者，他们是否应该将更低回报的标准普尔500纳入其投资组合呢？事实上，这两类资产类别各占50%的投资组合仍然提供了11.6%的回报率，而标准差则从21.6%下降到了17.1%。

从一名美国投资者的角度来看，标准普尔500和摩根士丹利资本国际指数组成的投资组合同样提供了更好的投资结果：它使得年回报率从11.1%上升到了11.6%，相对增长了5%。而同时标准差从16.6%上升到了17.1%，相对增长了3%。因此，结合后的投资组合提供了更好的风险调整后的投资回报。

小结

约翰·拉斯金是一位作家、诗人、艺术家，他最为人所知的是作为艺术和社会评论家。他有一本关于建筑的散文在维多利亚和爱德华时代非常有影响力。他曾说过："做对事情的方法不止一种，但是只有一种正确的方法去看这些事情，那就是看它们的整体。"拉斯金的建议也适用于投资。构建投资组合的正确方法也只有一种——意识到任何单独的资产类别的风险和回报都是不相关的，唯一要紧的就是这类资产如何影响到投资组合整体的风险和回报。

第四部分　在构建投资组合时所犯的错误

错误 59
你是否在同一个篮子里放了太多的鸡蛋？

每一个投资者都知道，把太多的鸡蛋放在同一个篮子里是非常危险的投资决策，而分散化能够轻易地解决这个问题。然而，仍然有许多的管理人员和公司的长期雇员持有太多的他们所效力的公司的股票。我们看到无数的例子，员工持有自己工作公司股票的比例占到了他们净资产的80%甚至90%。通常情况下，如此大份额的占比是来自于股票期权和公司的储蓄计划，这也是公司激励员工持股的一种结果。

经验告诉我们，在绝大多数情况下投资者其实并没有做出任何决策去持有如此高风险的投资组合，他们压根儿就没有去想过有哪些风险。还有一些情况是，人们"知道"这是一项好的投资，因为他们在这家公司工作。现在让我们来看看，其实无论你工作的公司前景有多么美好，持有如此单一的投资组合都是一个非常错误的决定（请记住，高度可能并非一定会发生）。事实上，如果投资者花点儿时间来想想如何理性地做决策，他们大多不会将资产如此大的部分押注在自己公司（或者任何一家别的公司）的股票上。

每当我们遇到将资产很大比例投资到自己公司的股票上的客户时，我们都会让她设想一下如下的情景：假设她是这个世界上最出色的21点职业赌徒，从来没有在算牌上犯过错，有一天赌场向她提出了一场只是用一副扑克牌的挑战赛，每一次她都可以投注任何她想要的金额，从1美分到她的全部身家，比方说200万美元。她同时还可以在任何时候决定退出比赛，她接受了挑战并且每一次都只投注1美分。最后，完美的局面发生了：庄家只剩下4张"国王"的牌，庄家只能发3张牌（因为最后1张是面朝上的），然后必须洗牌后再发给自己1张牌。这位客户于是将面临这样的局面：她将有20点，庄家将有10点和1张扑克牌。只剩下49张扑克牌，这位客户将会有：

- 12.5%的概率输掉赌局（4张A牌，或者其他加起来得到21点的组合）。
- 30%的概率和局。
- 57.5%的概率赢得赌局。

很有可能这将是她所面临的最好的一次投注（投资）的局面，胜出的概率4倍于输掉的概率（57.5/12.5），而输掉的概率仅仅为1/8。这时候她的另一半向她看过来，并问道："你打算从你200万美元的身家里投注多少？"答案很少会接近10%，大多数人的答案都是5000美元或者1万美元。接着我们又问她，是否认为她们公司的股票跑赢市场的概率会比赢得这场21点赌局的概率更高呢？答案大多都是否定的。

从21点赌局的例子里我们学到了什么呢？我们学到的是，当失败（犯错）的代价太大时，人们表现为风险厌恶。即使概率很有利于投资者，他们仍然会避免这些风险。

我们可以将21点扑克牌的教训用在那些将大部分资产投资于自己公司股票的投资者身上。首先，这些雇员投资者实际上在做双重赌注：假如发展不利，公司可能会通过裁员来降低成本，那么他们的工作和投资将同时受到危及。

其次，投资者实在没有任何合理的理由去相信自己公司的股票会表现得更好。迈克尔·珀皮安在《行为金融学和财富管理》一书中指出，截至2000年底，安然公司的401（k）计划的62%的资产投资在安然自己的股票上。不管曾几何时这被认为是一项非常明智的投资，但事实还是证明了这是多么灾难性的决定。

尽管如此，这样的投资行为不仅仅局限于那些股价曾经一路高飞过的公司，例如安然。珀皮安指出其他很多公司同样有这样的情况。例如我们看看截至2002年底，下列几家公司401（k）计划投资于自己股票的比例：

- 宝洁公司：—94.7%。
- 宣伟公司：—91.6%。
- 雅培公司：—90.2%。
- 辉瑞公司：—85.5%。

显然，并非所有投资者的股票都能够跑赢大市的平均水平。有些人收益率会更高，有些人则更低。然而，既然投资者在面对可能失去一大笔投资的时候表现为风险厌恶，仅仅持有一只股票就显得非常不明智，尤其是这只股票还未提供更高的回报时。即使投资者真的认为这只股票很有可能提供高额的回报，试想一下其概率会高于我们先前的 21 点赌局的例子吗？在那个假想的例子中，面对如此有利的局面投资者仍然没有大额投注，为什么要在一个成功可能性更低的投资上下重注呢？那些曾经野心勃勃的公司，例如雷曼兄弟、贝尔斯登、房利美、房地美，它们许多的员工眼睁睁地看着自己大部分的身家随着股价而蒸发，因为他们犯了将不太可能当作不会发生的错误。

  我们一直以来得出的经验是，一旦人们接受了 21 点赌局的实验，就会意识到他们曾做过的一些决策是非常高风险的。问问自己，假如我现在并没有拥有这里面任何一只特定的股票，我要买多少呢？构建一个全球性分散的投资组合来反映你特有的风险偏好、投资期限和财务目标，这将大幅度的降低你投资组合的风险。最后，假设你面临将所有鸡蛋放入一个篮子里的诱惑，请记住，这虽然是一次让你快速发财的机会，但也可能会让你输得一无所有。

错误 60
你是否低估了建立分散化投资组合所需要的股票数量？

1968年12月，一篇名为《分散化和离差的降低》的论文指出，最少15只随机选择的股票组成的投资组合就能获得分散化带来的收益。1970年劳伦斯·费歇尔和詹姆斯·洛里的一项相似的研究发现，90%的分散化的收益是来自于16只股票，95%的分散化的收益来自于30只股票。有一些投资者或许可以轻松地管理这样规模的投资组合，此外，他们也可以选择将投资组合交给独立的客户经理来管理。如果需要更多数量的股票才能实现有效的分散化，那唯一划算的办法就是通过投资共同基金了。

由约翰·坎贝尔、伯顿·麦基尔和徐叶晓共同完成的一项较新的研究指出，标准普尔500中个股波动率的急剧升高，以及股票间相关性的降低，导致要达到相同的组合风险水平需要的股票数量明显提高。他们名为《个股的波动性是否变得更大了？》的研究发现，1985年以前的20年里，最少由20只股票组成的投资组合能将额外的标准差（一种衡量可分散化投资组合风险的手段）减至10%。1986~1997年需要的股票数量变为了50只。然而研究表明，除了个股的波动率大幅增加之外，市场和行业的波动率并没有增加。而个股波动率的增加，以及标准普尔500的波动率维持不变，表明股票间的相关性降低了。股票间相关性降低则表明更有必要进行分散化，并且分散化带来的利益会更大。

作者就个股的波动率增加提出了三条解释：第一条解释，在过去的四十几年里，机构投资者的影响力变得更大。机构投资者展现出了羊群效应，因此，当数百只基金和养老金计划在几乎同一时间去买进或者卖出股票时，价格的变动就会变得更大。第二条解释，个体的日交易者的出现。第三条解释，有这么一个趋势，公司选择在更早的阶段上市，而这个阶段公司的不确定性更大。

试想一下，现在有一位投资者想要实现资产的全球性分散化，他需要的是数百只小盘股和大盘股，然后他很可能还需要添加同样数目的小盘和大盘价值股、房地产股、外国大盘股、新兴市场股等等，简单地说，想要自己构建投资组合来实现这类分散化是无法做到的。

下面这个例子可能是最能说明广泛的分散化作为制胜策略的必要性和逻辑性了。尽管20世纪90年代见证了历史上最大的牛市之一，在这10年总共存在的2397只美国股票中仍然有22%的收益率为负——绝对收益率为负，而非实际收益率。这说明对于个人投资者而言，覆盖广泛的指数，或者被动管理型资产类别的共同基金（或者类似的交易型开放式指数基金）提供了最有效和最低成本的分散化，而分散化的必要性则是再清楚不过了。

聪明的投资者也会犯的错误

错误 61
你是否认为分散化是由所持有的证券的数量所决定的？

大多数的投资者都理解分散化的必要性，他们明白分散化降低了将所有鸡蛋放在同一个篮子里的风险。然而不幸的是，即使不是大多数，仍然有很多投资者不明白如何构建一个能有效分散风险的投资组合。

有许多的投资者不明白，分散化的程度并非单单基于所持有的证券的数目。结果就是他们投资了许多不同的股票，以及许多不同的共同基金。要明白为什么这样的想法会导致错误的投资决策，我们需要明白决定回报率的因素有哪些。尤金·法马教授和肯尼斯·佛伦奇教授于1992年6月在《金融杂志》发表的著名论文《期望股票回报的横截面分析》为我们提供了答案，他们的研究表明，股票回报中绝大部分由公司的规模（市值决定）和价值（账面价值与市值比）这两个因素所决定；投资组合中相同类别的资产，例如大盘成长股或者小盘价值股，它们的回报可以由其所在的资产类别很好地解释。因此，个股或者一组股票的回报基本上决定于它们被归为小盘股或大盘股、价值股或成长股、国内股或国际股。

有两位潜在客户在2000年向我们——白金汉资产管理公司展示了他们的投资组合以供分析。在这两个例子中，两位投资者都认为他们的投资组合是高度分散化的，因为他们持有了大量不同的资产。将他们的资产组合放在法马—佛伦奇模型的显微镜下来看，很容易就能发现事实上他们只做到了很小程度的分散化：他们所持有的资产几乎都属于同一个资产类别。因此，组合内的资产彼此间具有很高的相关性。

在检验资产组合时，我们使用了美国证券价格研究中心对规模和价值的定义。按照市值排名1～5级（前50%）的股票归类为大盘股，排名6～10（后50%）的股票则被归为小盘股。按照账面市值比排名1～3级（前30%）

的股票归类为成长股，排名 8～10 级（后 30%）的股票被归为价值股，中间 4～7 级（中间 40%）的股票被归为混合型。

第一个例子中的投资者持有的组合由 14 只股票和 11 只共同基金组成（简称投资组合 A）。14 只股票中有 12 只股票的市值排名在最大的 10% 之列，2 只股票排名在最大的 10%～20% 之间，还有 1 只排名为市值最大的 20%～30% 之间。因此它们全都是大盘股。这 14 只股票中，9 只股票是成长股，仅仅只有 1 只是价值股。另外 4 只混合型中还有 3 只落在 40% 位，也就是刚刚越过成长股的界限而已。

我们现在在再来看看持有基金的情况。按规模来看，11 只基金中有 10 只落入 10%。剩余的 1 只为 5%，仍然属于大盘股。市值的中位数都超过了 10 亿美元，也就意味着加权平均的市值很有可能还会更高。当计算账面市值比时，11 只基金中有 7 只落入 10% 内，而其余 4 只全部落入 20% 位。也就是说，投资组合再一次大量集中在大盘成长股。

值得注意的是，该投资组合的确达到了一定程度的分散化，因为其持有了 15% 的国际资产。另外一点需要注意的是，该投资者尽管认为自己并没有持有现金，而事实却是他的投资组合中现金的占比超过了 8%。这些积极管理的基金持有了现金，从而导致投资者的股票头寸低于期望的水平（如我们所见，投资积极管理型的基金来组建投资组合将面对基金风格转移这一风险）。

投资组合 A 的结果就是，尽管以所持有的资产数量来看，的确是很"分散化"，但是却并没有实现资产类别的分散化（其实就是一个大盘成长股的组合）。而事实上，因为所持有的基金投入在相同的资产类别里，这些基金持有的股票和客户自己持有的股票甚至很有可能是相同的。

第二位客户所持有的资产组合我们称为投资组合 B，以持有的数目来衡量比组合 A 更加"分散化"，该组合包含了 22 只股票和 19 只共同基金。我们使用晨星公司的数据库，该数据库包含了 19 只基金中 17 只的信息。在 22 只股票中，有 20 只股票属于前 10%，1 只属于 20%，还有 1 只属于 30%。

再看账面市值比，15 只股票属于前 10%，总共则有 20 只股票属于成长股，剩余的 2 只股票也在 40%～70% 之间，属于混合型股票。因此，该投资组合的股票头寸基本上还是大盘成长股。

基金方面的情况也非常相似。19 只基金中的 18 只就规模而言属于前 10%，还有 1 只则属于 20% 位。账面市值比方面，就可用的信息看来，16 只基金属于前 10% 位，1 只属于 20% 位。加权平均来看，我们发现该投资组合中95％的资产规模属于前10％位（5％属于50％位），而从账面市值比来看，77％属于前10％位，21％属于20％位。

分析的结论就是，投资组合B尽管持有了41种不同的资产，但实际上并没有达到分散化的目的（仅仅是从1只股票的风险分散为一个行业的风险）。和投资组合A一样，组合B也基本上是由大盘成长股所构成，并没有小盘股和价值股的头寸。而唯一实现的分散化就是其所持有的16％的海外股票。但是这部分股票还是集中于大盘成长股，并且与美国的大盘成长股的相关性比较高，因而并非是有效的分散化。如果想要实现更加有效的国际性分散化，投资者应该使用国际小盘股和新兴市场股这样的资产类别。

这两个投资组合在1998～1999年间的回报应该很好，因为这一时期大盘成长股表现强劲，我们例子里这两位投资者应该很愉快。当投资者所持有的资产类别收益表现都很好的时候，他们或许就会忘了分散化的原则和原因了，有人能够预测到哪一类资产类别会表现更好或者更差。

这两位投资者都是在2000年的夏天找到我们公司，而当时大盘成长股已经进入了严重的熊市（尤其是在NASDAQ上市的股票），而价值股则开始提供更高的回报。这两位投资者突然开始担忧他们的投资组合了，因为几乎在同时他们的投资组合表现变差了。不仅仅是这两个投资组合有缺乏分散化的问题，事实上，他们持有了许多股票和基金并企图实现分散化，然而他们的资产仍然大量集中于美国的大盘成长股。

法马和佛伦奇教授向我们展示了如何实现有效的分散化。要实现真正的分散化，投资者需要持有不同的资产类别——小盘股和大盘股、成长股和价值股、国内股和国外股。而最适合用来构建分散化投资组合的就是指数或者被动资产类别基金，因为它们的成本更低，避税功能更好，并且不会发生风格转移。

第四部分 在构建投资组合时所犯的错误

错误 62
你是否认为集中持股型基金表现会更好？

我们常听到这样的借口，积极管理型基金没能持续地跑赢基准是因为"过度分散化"了，因为持有了太多的股票，基金经理的好主意都被"摊薄"了。"集中持股型"基金的"解决办法"（推销的言辞）就是：集中投资于基金经理最看好的 10 个、20 个或者 40 个股票想法上，通过将资金集中投资于这些最好想法的股票上，集中持股型基金应该很容易跑赢相应的被动型基准。出于这样的前提，有些基金甚至雇佣了数名基金副经理，让他们再专注投资于各自看好的股票上。

事实还是幻想？

为了检验集中持股型基金回报率更高这个假设，特拉维斯·萨普和严学民将集中持股型基金的业绩与更加分散化的投资组合做了比较，他们以证券价格研究中心和汤姆森金融数据库为基础，检验了美国国内所有股票基金的表现（不包括那些持股数少于 12 只的基金）。下面则是他们名为《证券集中和积极的基金管理：集中持股型基金是否提供了更高的回报》研究的一些发现：

☞ 在其他因素不变的情况下，基金的表现（扣除费用前和扣除费用后）与基金持股数目呈正相关。
☞ 持股数最少的 1/5 的基金（平均持股数为 29）在三因子模型下提供了 −1.44 百分点的超额回报。
☞ 集中持股型基金的波动率高于分散型基金。
☞ 与分散持股型基金相比，集中持股型基金的费用更高，这也部分地解释了它们相对较低的回报。

☞ 以 1 年为单位衡量，集中持股型基金所卖出的股票比购买股票的表现高出了 0.3 个百分点。

☞ 集中持股型基金的损耗率高于分散持股型的基金。

作者指出，集中持股型基金较低的表现不仅仅是由于更高的费用，同时还有流动性方面的问题：

由于对某一家公司的持股比例占的相对来讲比较大，集中持股型基金不能对新信息做出快速的反应，否则其交易行为会对价格产生巨大的影响，并最终导致基金收益率的降低。另外，因为所有的申购和赎回都是针对相对较小数量的股票，所以即使是流动性驱使的交易也可能会对价格产生较大的影响。

作者还发现了另一个与流动性相关的影响因素。分散持股型基金的平均现金头寸为 7.8%，而集中持股型基金的现金头寸平均为 12.8%。更高比例的现金头寸通常都会降低基金的收益，因为现金通常提供的回报都低于股票。

这些流动性的因素拖累了集中持股型基金的表现，所以即使这些基金经理有更好的选股能力，而他们的基金仍然可能表现不佳。作者因此总结道，没有任何证据表明集中持股型基金对于投资者有利，因而投资者在面对这类基金时应该特别注意。

支持证据

在 2001 年 9 月出版的《基金投资者》中，晨星公司为这个问题找到了答案：基金重仓股（按道理来讲应该反映了其最看好的投资机会）的表现是否高于其他部分？晨星公司将基金所持比例最重的 10 只股票与整个投资组合的表现做了比较，这份研究涵盖了 5 年的数据，并发现 48% 的基金获得了比他们持股最重的 10 只股票更高的收益率——这很像是随机选择的结果。有趣的是，平均来看，基金持股比例最大的 10 只股票的表现比整个投资组合每年低了 0.16 个百分点。

小结

华尔街和财经媒体很可能会继续大肆宣传集中持股型基金,然而证据表明,这些基金的存在是基于人们的期望(大肆宣传),而非智慧和经验。换句话说,这类产品就是被设计出来找卖点的而已,真正谨慎的投资策略是不要购买这类基金。相反,能提供风险调整后收益更高的、谨慎的投资策略,是持有那些各个资产类别广泛分散化的被动管理型基金。

聪明的投资者也会犯的错误

错误 63
你是否明白在金融危机时风险资产间的相关性会提高？

在最近的金融危机里我们常听到："我已经尽可能地做到分散化了，我的投资组合包含了所有能想象到的资产类别，我有大量的小盘价值股和境外股票的风险敞口。然而在市场下行的时候，每一个资产类别都跌得很厉害。究竟是哪里出错了呢？"其实没有地方出错，问题是出在没有完全理解回报间相关性的概念上。

回报的相关性

谨慎的投资者构建投资组合会包含各类相关性低的资产类别——相关性衡量了两个变量间线性关系的强度。相关系数的取值范围为＋1（完全正相关）至－1（完全负相关）。正相关意味着当一个资产提供了高于平均水平的回报，另外一个资产也倾向于提供高于平均水平的回报。相反，负相关则意味着当一个资产提供了高于平均水平的回报，而另一资产则倾向于提供低于平均水平的回报。因此，资产回报的相关性越低，作为分散投资组合风险的效果就越明显。就像1988～2010年间一些资产类别与标准普尔500的相关度相对来讲就比较低。

基于这样的历史关系，投资者认为，虽然所有的资产类别都有遭遇下跌的时候，但是资产类别间不完全相关则会让他们避免遭受所有资产类别同时下跌的风险。然而不幸的是，投资者未能足够重视相关性中的关键字"倾向于"。

资产类别	与标准普尔 500 的年度相关性
法马－佛伦奇大盘价值股	0.91
法马－佛伦奇小盘股	0.78
法马－佛伦奇小盘价值股	0.60
道琼斯精选美国房地产信托指数	0.44
摩根士丹利资本国际指数（欧洲，澳大利亚与远东地区）	0.73
摩根士丹利资本国际指数（新兴市场）	0.52

一些投资者不明白相关系数并不稳定，它们也会偏离和改变。尽管境外股票和新兴市场股票受到不同于美国股票经济政治风险因素的影响，但它们同时也受一些全球经济风险因素的共同影响。而当这些风险显现的时候（通常发生在金融或政治危机时），所有风险资产间的相关性会倾向于升高。事实往往就是这样，当你最需要体现出分散化的效果的时候，它却总是缺席。

拉里最喜爱的一句话是"投资中你唯一不知道的事情就是那些你未知的投资历史"。了解投资回报的历史将避免投资者对股票分散化的收益产生误解。最近一次的金融危机同样没有在相关性上表现出什么新的内容，例如，在 1973~1974 年全球衰退时，所有主要的股票类资产收益率都为负，标准普尔 500 指数、大盘价值股、小盘股、小盘价值股和国际大盘股分别下跌了 37%、20%、53%、46% 和 34%，而当 2008 年夏天美国房价暴跌导致全球性金融危机的时候，股票的系统性风险则再次显现，每一类主要的股票类别都经历了严重的熊市，而对于某一些资产类别，甚至经历了自大萧条以来最糟糕的一段时期。

下面的表格展示了最近三次金融危机下不同的指数的总收益，注意在每次金融危机里回报间的相关系数都急剧地增加，而 2008 年的金融危机唯一不同的地方在于熊市的深度。

	1998 年 7~8 月	2001 年 9 月	2008 年 1~11 月
标准普尔 500	−8.1%	−15.4%	−37.7%
罗素 1000 价值股	−7.0%	−16.4%	−37.7%
罗素 2000	−13.5%	−26%	−37.4%

续表

	1998年7~8月	2001年9月	2008年1~11月
罗素2000成长股	－11%	－22.3%	－33%
摩根士丹利资本国际指数（欧洲，澳大利亚与远东地区）	－10.1%	－11.5%	－46.6%
摩根士丹利资本国际指数（新兴市场）	－15.5%	－26.7%	－56.6%

教训

大部分的时间，风险资产间并没有显示出很高的相关性，有许多资产的相关性还很低。在这些资产类别中，房地产、国际小盘股以及新兴市场股与美国股市的相关性则较低。低相关性的原因是因为这些资产受到经济、政治条件影响的方式各有不同。然而在全球性危机发生的时候，所有的风险资产则倾向于表现出更高的相关性，而这正是市场给我们的一些重要的教训。

在危机发生的时候，唯一有效的分散化工具就是高评级的固定收益类投资——这其中最安全的则是有美国政府全部信用支持的美国国债。在这次金融危机里，当所有的股票资产都经历严重的熊市时候，美国国债类证券却提供了正的收益率。

第四部分　在构建投资组合时所犯的错误

错误 64
在构建投资组合时是否未考虑你的人力成本？

投资者在投资中所做的最重要的决策就是如何进行资产配置，因为资产配置是一个投资组合的风险和期望回报最重要的决定因素。坚持执行投资策略是另外一个决定因素，而选股和择时即使真有什么影响也非常的小。投资者不应该在没有考虑下列问题的情况下开始他们的投资旅程，首先是经过深思熟虑后，资产配置计划应该以书面形式呈现，也就是投资策略说明书。

资产配置的决策应该要能体现投资者承担风险的意愿、需求和能力。承担风险的意愿被定义为，投资者能忍受多大的损失而不恐慌，并且还有能力做出资产的再平衡（例如继续买进表现很差的资产类别），而最重要的就是，你依然能睡得安稳并享受人生。你对风险的忍受力越低，那么股票的配置就应该越少。这样的话，当熊市不可避免地到来时你仍然不会太过惶恐。

承担风险的需求被定义为，要达到投资者的最低财务目标所需要的最低回报率。所要求获得的回报率越高，就意味着对风险资产的敞口要越大。一个较低的要求回报率则意味着投资者不需要承担太多的风险就能实现其目标。

最后，我们再来看承担风险的能力，有两个因素定义了承担风险的能力，第一个是投资期限的长度，投资期限越长，承担股票风险的能力就越大，因为投资者就越有能力等到熊市的结束。另外一个就是投资者的"知识资本"与他所持有的股票资产的相关性有多高，让我们来看看这个常常被人们所忽略又非常重要的问题。

我们首先定义"智力资本"为人们获取收入的能力。有一些生意和职业非常具有周期性，因此与经济周期和所持有的股票的风险高度相关。被归类为高相关性的职业有，汽车制造工人、建筑工人以及高档零售商，其他一些职业则有稳定的收入，经济周期对他们没有影响，或者仅仅只有很小的影响。被归类为低相关性的职业有医疗保健职业和大学教授。

> 聪明的投资者也会犯的错误

　　因为正确构建投资组合的关键点之一就是拥有相关性低的资产，在其他不变的情况下，智力资本与经济周期相关性高的投资者应该考虑持有少一些的股票类资产。这样做的原因是为了避免下面情况的发生：经济疲软导致市场下滑，投资者并因此丢了工作，接着他不得不在低位抛售股票来满足应付各种开支。

　　当然，投资者还应该考虑智力资本和金融资本间相对的规模，投资者对当前收入的依赖度越低，智力资本就越不构成什么问题。试想那些大部分的退休员工，他们的智力资本不再与经济有相关性，因为他们已经不再被雇佣了。但是，如果对当前收入的依赖性越高，那么，智力资本与经济和股票风险的相关性就越成为一个问题。

　　同时也请记住我们在第 13 个问题中提及的，持有国际资产来对冲那些与国内市场相关性高的智力资本。

小结

　　投资者在构建适合自己的投资组合时，至关重要的一点就是需要考虑他们全部的资产，包括智力资本，以及每个投资者独特的承担风险的意愿、需求和能力。通常，一名好的财务顾问会帮助你分类并理清这些重要的事项。

第四部分　在构建投资组合时所犯的错误

错误 65
你是否相信投资世界是平的？

《世界是平的》是托马斯·弗里德曼所著的国家畅销书，弗里德曼证明了区域和地理的分割变得越来越无关紧要。从投资的角度来看，"全球化"的趋势恐怕会减少对全球性分散化的需求。然而，在我们打算以此思路来指导我们做投资决策之前，我们先来看一些历史数据。

为了检验全球化是否降低了投资组合全球性分散化的收益这一假设，我们将比较标准普尔500和摩根士丹利资本国际指数在1970～2007年间收益的历史相关性，将这38年的时间平均分为两个19年，并看看是否相关性有上升的趋势：

☞ 第一阶段，1970～1988年，标准普尔500和摩根士丹利资本国际指数的年度相关系数为0.623。

☞ 接下来的第二阶段，1989～2007年，年度相关系数小幅下降为0.614。

我们也可以检验国际小盘股的相关性数据。历史性来看，国际小盘股和美国股票的相关性比较低，这也使得国际小盘股是非常好的国内股票风险分散工具：

☞ 在第一个阶段，1970～1988年，标准普尔500和国际小盘股间的年度相关系数为0.459，显著低于同时期标准普尔500与摩根士丹利资本国际指数间0.623的相关系数。

☞ 在第二阶段，1989～2007年，相关系数下降到了0.374，同样显著低于同时期标准普尔500与摩根士丹利资本国际指数间0.614的相关系数。

由此你可以清楚地看到，相关系数并没有上升的趋势。进行全球性分散化的好处明显比以往更大了。

结合这些数据，有哪部分解释说明了新的模式下全球性分散化的好处已经消失了？这个问题可以用一个简单的词语来回答——近因。近因效应指的是人们有过分受到最近发生的经验性影响的倾向，从而忽略了在更长时期里历史教给我们的经验教训。在我们开始讨论更近期的数据之前，需要明白非常重要的两点。

第一点是相关系数不是静态的，如我们在第 63 个问题中所讨论到的一样，相关系数有随机移动的倾向。对于投资者来讲，真正需要考虑的应该是长期的历史证据，且时间期限越长，对这些数据就越有信心。有时候发生的事件对于国内和国外的股票市场有非常相似的影响。这种情况在 1973～1974 年、2000～2002 年，以及 2008 年金融危机的时候尤其明显，而其他很多时期股票市场的表现则各不相同。

第二点非常重要的是股票市场的确会经历一些高相关性的时期，在 2008 年全球性金融危机发生的时候就是这种情况，这也是为什么投资者应该认识到，他们需要持有足够数量的高评级固定收益类资产来将他们投资组合的风险控制在一个范围内，以符合他们承担风险的能力、意愿和需求，这也是资产配置决策中最重要的一点。

近期数据引发的期望

从 2003～2008 年，我们经历了美国股市和国际股票间一个短时期的高相关性，在那段时期里，标准普尔 500 和摩根士丹利资本国际指数的相关性上升到了 0.998，即使从 2000 年算起直到 2008 年，年度的相关系数也达到了 0.978。媒体和华尔街开始对于这些高相关性大肆渲染，然而，这仅仅是非常短的一个时期。类似的这类高相关性的插曲我们还见过不少，例如，从 1972～1976 年的 5 年间，标准普尔 500 和摩根士丹利资本国际指数的年度相关系数上升到了 0.874，那一时期很可能有类似的声音，想要说明投资者不再需要全球性分散化，然而紧接着的 5 年里，相关系数一路降低至 0.258。

经验教训

从上面的数据中能够学到两条非常重要的教训：第一，对于"这一次真的不同了"这样的说法你一定要感到怀疑。第二，你需要忽略掉市场的噪音。

噪音的出现有两个原因：媒体需要得到你的关注，才能赚得他们想要的利润，而华尔街也需要你相信，"在这个变幻莫测的时代"，你需要支付给他们大量的费用来帮你管理你的资产。

最后考虑一下，让我们设想全球股票市场不知道因为什么原因相关性真的变得更高了，那么全球性分散化是不是真的不再有吸引力了呢？很难想象为什么这种情况会发生，就像对于美国公民来讲，将他们对汽车行业的投资限定在福特和通用汽车的股票上，而不考虑丰田和保时捷，这样做会有什么意义呢？

小结

结论就是国际性分散化还是一如既往的重要。事实上有这样的说法：分散化是最接近于免费午餐的了，你或许也能吃上不少。请记住，最有效的分散化仍然是来自于国际小盘股和新兴市场股。

聪明的投资者也会犯的错误

错误 66
你是否误以为追踪指数就是投资于标准普尔 500 基金？

投资者经常误以为追踪指数就是使用那些非常流行的指数化投资工具，例如标准普尔 500 指数基金，或者相似的交易型开放式指数基金。他们同时还误以为，通过购买标准普尔 500 指数基金，他们便拥有了一个高度分散化的资产，因为他们相当于持有了 500 家不同的公司，因此投资者或许会满意于在投资组合中仅仅持有标准普尔 500 指数基金。然而，投资者构建这样的一个投资组合并没有真正实现有效的分散化，缺少分散化的原因来自于两方面：第一是标普公司选择股票纳入该指数的方法；第二是计算该指数所使用的市值加权机制。

大多数投资者都会感到吃惊，标准普尔 500 指数基金并非持有相同数目的 500 家公司的股票，不仅如此，他们还会吃惊于该指数是如何偏重于该指数中的大盘股。一个很好的例子可以展示该指数是如何偏向于一些少数的股票，在 1999 年底（接近成长股泡沫的最高点）标准普尔 500 的市值权重：

- 最大市值的 50 只股票：60%。
- 最大市值的 100 只股票：75%。
- 最大市值的 200 只股票：88%。
- 最大市值的 300 只股票：95%。

这里还有另外一项有趣的统计：自 2000 年的第二季度起（当泡沫开始破灭的时候），标准普尔 500 的加权平均市值为 1430 亿美元，而仅仅只有 16 只股票的市值大于这个平均数。有一点值得特别注意，假如那 500 只股票是平均加权（而不是市值加权），那么平均的市值则为 240 亿美元，或者说仅仅是按市值加权平均的 1/6。

第四部分 在构建投资组合时所犯的错误

如果你投资于标准普尔500，即使你真的拥有了500只股票，你仍然没有实现资产类别间有效的分散化，这并不意味着这是一个错误的投资，或者你不应该投资于这一类的基金，而是如果你想要将你的投资组合足够的分散化，而不仅仅限制于大盘成长股，你需要扩大你的组合持有资产的范围。

整体股票市场基金的出现能够帮助投资者实现标准普尔500指数基金无法实现的分散化效果。从分散化的角度来讲，持有整个市场是非常具有吸引力的，然而，为了使得指数基金更加易于管理而使用市值加权机制，再一次让结果与投资者的期望相去甚远。市值加权意味着，一只股票在指数中的权重是由该股票的市值占指数总市值的百分比来决定的。

整体股票市场基金对于小盘股和价值股的敞口之小让大多数的投资者都感到吃惊。美国证券价格研究中心的数据显示，在2008年底，小盘股（市值为后60%位的公司）占比仅仅为8.2%，而价值股（账面市值比为后80%位的公司）占比仅仅为5.4%。再一次要说明的是，并非整体市场基金自身很糟糕，而是投资者应该在正好寻求这样的资产配置的时候才去持有这些基金。

小结

追踪指数是一条极好的策略，然而，追踪指数并不是指投资者应该仅仅持有标准普尔500指数基金，或者整体股票市场基金。相反，投资者应该决定他们想要持有多少美国的5大类资产（大盘股、大盘价值股、小盘股、小盘价值股，以及房地产类）；他们还需要决定对于主要的国际类资产的风险敞口（大盘股、大盘价值股、小盘股、小盘价值股、房地产类，以及新兴市场股）。只有当投资者决定了这些以后，他们才能构建起满足他们需要和目标的投资组合（假如你想要了解更多关于如何基于你特有的情况来构建投资组合，请参阅《你唯一需要的正确的财务规划指南》）。

聪明的投资者也会犯的错误

错误 67
你是否将你的房子视作房地产投资的一部分？

  资产类别间的分散化在任何投资计划中都是非常重要的一个组成部分。简单来讲，分散化降低了将所有鸡蛋放在同一个篮子里的风险，在低相关性的资产类别间进行分散化同样很重要。房地产作为一项资产类别不仅具有自身独特的风险和回报特征，而且它与美国股票类资产的相关性也相对较低，因此在构建资产配置计划的时候，房地产是非常好的风险分散化工具。然而，当投资者将自己的房子视作他们在房地产类资产上的投资时，有一个问题就产生了。

  住房显然是房地产，然而却是非常单一的房地产。首先其类型非常单一，房地产有很多种类型：办公室、仓库、工业用途、多户住宅、酒店等，拥有一间房子只是让投资者在房地产这一大类别下持有了住宅这一类型，即便如此，因为没有包括多户住宅，因此对于住宅这一类型的持有也不完整。

  第二个问题是住房在地理上的单一性，房价在全国各个地区的涨跌并不一致。

  第三个问题是房价可能与某一个行业所关联，而不是整个房地产行业。例如 20 世纪 90 年代末，硅谷的房价与科技行业一起飙升，而在同一个州的其他地区则完全是另外一种价格环境。这带来的另外一个问题就是，你的房价和你的工作前景又高度相关了。假如你的投资组合里的资产都是和这个行业相关，而你的住房也与这个行业相联系，问题就进一步地叠加起来。当管理人员持有了他们公司的股票或者期权的时候，通常就会有这样的问题发生。下面就是这种问题的一个例子。

  西雅图通常被看作是只有一家公司（波音公司）的城市。一位波音公司的高管在西雅图有一间昂贵的住宅，她还将很大一部分的金融资产投资在了

第四部分 在构建投资组合时所犯的错误

波音公司的股票上,她认为她所拥有的资产还是有一些分散化的,因为她将自己的房子视为在房地产上的头寸,与西雅图无关,与波音无关,与航空公司无关,甚至与石油价格也没有关系。

受到航空业衰退的影响,波音公司的股票随即也急剧下跌。对我们这位投资者的第一项打击是,波音公司决定裁员,其中就包括这位投资者。第二项打击,随着失业率的上升,西雅图的房市也崩盘了。这位不幸的投资者经历的第三项打击就是,她所面临的三大风险——就业、股市和房市——全部都紧紧地相关连。

我们得出的结论就是,将拥有一间房子视作在房地产上的头寸,就如同拥有微软公司大量的股票和股权,并认为获得了大盘成长股的风险暴露是一样。任何单独的一只股票与某一个资产类别,比如说这里的大盘成长股,都应该是非常低的。因此一般来讲,你不应该将你的住房视作你承担了房地产的风险,一间住房唯一能提供的就是对于建造成本的通胀保护。然而房价中更重要的部分往往是土地而不是建造成本,因此也算不上多大的保护了(除了提供给你一瓦遮头之外)。

我们再来看看购房的资金来源。假如按揭贷款购买一间房子,房屋按揭实际上就相当于发行了一只债券,这只债券应该被视作你投资组合中的一部分。因此,如果你投资了10万美元购买一只债券基金,并且又有10万美元的住房按揭,你对于固定收益类资产的净仓位则为零。

然而,无论是固定利率还是浮动利率的按揭贷款,都会影响你对利率(以及通胀)风险的敞口。例如,固定利率的按揭贷款的确提供了通胀保护(浮动利率的按揭贷款也有一定的通胀保护,因为通常都有一个利率的上限)。而固定利率还有一个提前还贷的特征。假如利率下降,提前还贷(提前将按揭贷款偿还给借出方)将使得借款人重新以更低的利率再次融资。这就提供了对于利率下跌和通缩的保护。假如是浮动利率的按揭贷款,那么所面临的风险情况将大大不同,因为贷款利率会随着市场利率的上升或下降而改变。因此,在制定资产配置策略时,考虑购房的资金来源是非常重要的。

想要承担投资房地产类资产的风险的最好办法就是通过房地产指数,或者被动管理的房地产投资信托基金,这些基金再投资于所有的股权类房地产投资信托。从1978~2010年,道琼斯威尔希尔房地产投资信托指数提供的年回报率为12.5%,同时期标准普尔500指数的年回报率为11.4%。值得注意的是,房地产投资信托在1981年上涨了6.1%,而当年标准普尔500下跌了

4.9%；在 1984 年和 1992 年，标准普尔 500 分别上涨了 6.3% 和 7.7%，而房地产投资信托的涨幅分别达到了 21.8% 和 28.3%。而从 2000～2002 年，标准普尔 500 平均年跌幅为 14.6%，房地产投资信托的年回报率却达到了 15.1%。当然，也有一些时期标准普尔 500 的表现好于房地产投资信托。例如从 1998～1999 年，标准普尔 500 的年回报率为 24.7%，而房地产投资信托的年收益率为－8.9%。

由于收益率的不可预测性，低相关性和抵抗通胀的特性，将房地产投资信托纳入投资组合中将是非常有益的。

小结

房子显然是一项资产，并具有自己的价值。当你准备自己的资产负债表时，房子是应该被考虑进去的（任何形式的按揭贷款都应该出现在资产负债表的负债项下），但是却有一些原因使得房子更应该被考虑为消耗项目，而非投资项目。

首先，如我们所讨论的，拥有一间住房不应该视作承担了整个房地产类资产的风险。其次，你不能像管理金融资产一样来管理你的房子，即你不能将房子进行资产配置，也不能定期的再平衡，同样你也不能定期的对房子进行避税方面的管理。

第四部分　在构建投资组合时所犯的错误

错误 68
你是否没看清高收益投资的风险？

> 当一位富有经验的金融服务提供者面对一位天真的客户时，结局是完全可以预测到的，就如同一位冠军级的重量级拳手面对着一个98磅的瘦子。个人投资者在第一轮就被淘汰掉了。
>
> ——大卫·斯文森
> 《非传统的成功》第341页

每当利率降到历史低位的时候，华尔街的产品机器便会开动，并制造出大量的高收益产品来诱使投资者购买，而这些产品其实是伴随着极大风险的，这些产品被广义的归类为结构性产品，这一类型的产品都有着诱人的名字，比如累计期权债券、超级专项债券、本金保障债券、逆反可转换证券。然而你最好能够认识到，每当华尔街发明出一个更好的捕鼠器，可以确定的是你就是那只老鼠。

这些产品有一个共同之处就是它们都很复杂，而你可以百分百确定的就是，这些被设计出来的复杂产品一定是对发行者有利的。金融机构都非常聪明，他们设计出复杂的证券来提供高额的息票，并以此来吸引投资者。然而除非你是数学博士，不然真没法量化这些产品隐含的大量风险。个人投资者有多大的几率能够正确地对这些产品估值呢？发行者们知道答案几乎为零。另一方面，他们自己当然很清楚这些产品的价值。

来看看迈尔·斯塔特曼《投资者须知》一书中关于逆反可转换证券的例子吧。各家银行在2008年总共卖出了70亿美元的这类产品，这个概念很简单：证券与某一只股票相关联，如果股价上升，投资者能够在到期日收回本金，并有很高的利息收入；假如股价下跌，投资者会收到相应的股票，而非收回本金。

聪明的投资者也会犯的错误

斯塔特曼的书中谈到一位 85 岁的放射线研究者，他在并不了解其风险特点的情况下购买了 40 万美元的这种产品，结果随着股票的下跌，他损失了 7.5 万美元。"我完全不知道会发生这样的事，"他说道，"我并不希望拥有雅虎，或者其他公司的股票。"

金融机构通常设计出来的产品都有较高的息票率，并以此吸引投资者。尽管你可能不明白风险在哪儿，但是你可以确定的是，如果一项投资预期会获得高收益，那么一定是有风险的。好消息是你不必懂得如何去分析这些复杂的投资工具，你唯一需要知道的就是，那些首席财务官发行这些产品的目的都是希望以最低的资本成本来筹集资金。对于投资者而言的高收益，就等于发行者高昂的资本成本，因此提供较高的预期收益违反了发行者的本意。因为那些经验老到的发行者知道如何对这些产品估值，因此尽管有着高息票率，你也可以肯定这些产品的预期收益率会很低。换句话说，这些工具含有毒丸，通常出现的形式是投资者以低于市场的价格将内附的期权卖给了发行者。例如对于逆反可转换证券的研究发现，这些产品的息票率比起公允市场价值低了 3%～12%。这也正是为什么金融机构喜欢结构型产品，因为他们能以极低的成本筹集到资金。

小结

如同一句古老格言所说的，有些东西太好了以至于不真实。这句话的智慧其实是个角度的问题。很显然，假如有什么太好了而以至于不真实，那一定是以买家的角度来看的。假如买家真的了解所有的细节，那他便会开始后悔了。然而对于卖家来讲则不同，这些买卖对于他们可是相当有利可图的。请记住，假如你在扑克牌桌上不知道谁是笨蛋，那个笨蛋一定就是你。

第四部分　在构建投资组合时所犯的错误

错误 69
你是否买那些别人推销给你的产品，而非你自己想要买的产品？

当 2003 年美国的资本利得税降至 15% 的时候，可变年金（VAS）的销售本应该戛然而止。然而不幸的是，这些产品仍旧被大量的（并成功的）推销给投资者。例如在 2004 年，可变年金的销售达到了 500 亿美元，市场上可变年金的总额达到了 1 万亿美元。而截至 2008 年底，预计可变年金保单的总额达到了 1.4 万亿美元。原因是投资者并不了解所有信息，而那些只想着赚取大把佣金的销售人员则正好利用了这一点。

可变年金是一个包含有保单的共同基金型的账户，保险那部分的投资收益是可以延期交税的。然而遗憾的是，延期交税可以说是这类产品唯一的好处，除此之外这些产品真的是一无是处。负面部分包括：

☞ 投资连接保单通常有较高的成本。
☞ 投资账户部分高昂的运营费用。
☞ 大部分可变年金缺乏被动的和低成本的投资选择。
☞ 缺乏流动性。
☞ 失去了上调不动产成本基础的可能性，当持有资产的成本基础从最初的购买价变成了当前市场价的时候，通常会让资本利得税变得更低。
☞ 可能是最坏的一条，将低税率的资本收益转换成了高税率的普通收益。

关于年金最令人吃惊的恐怕是有那么多的人将其置放于税收递延账户。因为这种高成本的产品唯一的好处也就是在避税上，将这些产品卖给投资者并置于税收递延账户简直就等同于犯罪。

这样做的结果就是以高昂的代价换得了延期交税。1997 年的税收法案降低了资本利得税,并保留了普通收益的高税率。因此,对于大多数的资产类别而言,将年金纳入股票组合中的好处已经消失了。正如《福布斯》专栏说道的:"那应该让年金的销售遇冷。"

为了展示资本收益转为普通收益的缺点有多大,杰弗里·布朗和詹姆斯·波特巴做了一项对比研究,他们假设资本所得和股利的联邦税率为15%,而普通收益的税率为33%,还假设股票的总收益率为8%,其中2%来自于股票红利。得出的结果就是,即使我们假设可变年金的成本只比投资于类似的共同基金或者交易性开放式指数基金高0.25%(而平均的可变年金的总费用约为1.65%),要与后面两者取得相同的收益率,投资期限至少要为40年。然而40年的盈亏平衡点对应的是平均年龄为60岁的退休计划可变年金购买者(意味着盈亏平衡点为他们100岁时),而年龄低于35岁的投资者的数量仅仅为4%。这个例子很有说服力,因为这项分析还没有包括我们前面提到的税收问题。

假如这些年金产品没能达到投资者满意的效果,由基金家族——空间基金顾问公司和先锋集团引入的交易型开放指数基金和避税型共同基金给投资者提供了更好的选择。避税型基金利用被动投资将避税功能进一步的提升。这些新的基金的存在基本上让购买可变年金作为股权投资这种观点变得没有意义(有一个例外是房地产类投资。按照要求,房地产投资基金必须分配掉所有的收益,而这些收益是按照普通收益收税的,这就使得房地产从税收管理上来讲效率是非常低的)。当然,大部分投资者并不需要年金,因为他们简单地将持有的房地产类资产放入他们的个人退休账户(IRA),简化的雇员养老金计划(SEP),或者税收递延账户里。然而,对于投资者而言,不幸的是,在自私的销售人员的努力下,年金的销售仍然没有任何的放缓。

除了税收的优势之外,可变年金还有第二个好处就是包含人寿保险。保险部分以各种形式存在,最常见的形式之一就是,当投保人早于年金化开始之前逝世,那么其继承人将至少能够收到已付保费的名义价值。

2001年,摩西·米列夫斯基和史蒂文·波斯纳所做的一项关于寿险部分价值的研究——《铁达尼选择权:可变年金和共同基金中保证最低死亡抚恤金的估价》发现,简单的死亡抚恤金保费返还约为保单的0.01%~0.1%,取决于投资者的性别、购买保单时的年龄,以及标的资产的波动率。与此相对的是,作者发现保费可返还可变年金的平均保险费用为1.15%。此外,仅仅只有5%的合同中保费低于0.75%,而保费超过1.4%的合同达到了12%。

第四部分 在构建投资组合时所犯的错误

显然，保险部分的成本远远超过了其带来的收益。作为高成本的进一步的证明，任何一年里，因为死亡或者残疾而退保的可变年金合同数量为 0.4%，而其中仅仅只有很小部分因为损失而触发了死亡抚恤金。

结论就是持有年金的成本非常高。每年的费用（例如保费、投资组合管理费、死亡保险费用）平均来讲高于 2%，有时也会达到 3% 甚至更高。退保收费是很平常的，通常为 7% 起。假如你是在第一年退保，费用可以达到 9%，而通常要从第 7 至第 10 年起才会降到零。与此同时，假如在 59 岁半之前退保，你还会受到税收惩罚，只有极个别的情况下能幸免于此。

来看看免佣基金巨头普信集团的例子，普信集团曾经向潜在的客户提供过软件来帮助这些客户决定这些可变年金是否适合于他们，这个程序将投资者的年龄、收入、纳税等级，以及投资期限纳入考虑范围，而结果则是投资者最好还是投资在简单的老式基金上，更不用说那些低成本，且避税功能好的被动型基金了。正如上面所证明的，一位训练有素的投资者是不会去碰年金产品的。

有一小部分例外，包括全球人寿、嘉信、美国教师退休基金会以及先锋，这些通常都是出售给那些通过 1035 条款免税资产交换的、已经拥有可变年金的人们。持有可变年金的投资者希望摆脱高成本和错误的投资选择，但遗憾的是，退保费又经常使得投资者不得不持有一段更长的时期，因此 1035 交换条款是否有意义，这个问题就再简单不过了。

假如可变年金的条款这么差，为什么还有如此多的人去购买呢？答案是对于延迟交税的宣传迷惑了投资者。幸好，通过被动管理王避税的共同基金来进行税收管理的成本更低，效果更好。避税型共同基金比起所谓的税收优惠年金还有另一大优势，如果投资于共同基金，你有两种方法可以避开资本利得税——将基金份额捐赠给慈善机构，或者将其留在你的不动产中（你将在去世的时候获得不动产计税成本的提升）。这些选项都是年金持有者所不具备的，将年金转移或者遗留给除你配偶之外的任何人都将触发确认这笔收入。

可变年金唯一剩下的用处就是债权人保护了。许多州（例如纽约州、佛罗里达州，以及德克萨斯州）都对可变年金中的资产在某种程度上予以保护，然而这些法律都太过复杂。因此，假如你是基于这样的目的，在购买（或者被推销）之前，你需要咨询你的律师。例如医生担心治疗不当引起的诉讼时，或许可以考虑持有可变年金。假如是这种情况，那么你将不必为你必须支付的费用之外再多花一毛钱。

如果你现在正持有费用很高的年金，你应该去看看那些费用更低，不收取退保费的年金产品。假如已经过了或者即将过了退保收费期，那么就能轻易的做出使用1035交换条款的决定了。税法中的1035条款允许投资者用一只相似的年金去替换另一只而不会引起税收，卖出一只再买进一只年金也是一样的。然而无论你做什么，都不要上那些宣传推销的当，去购买那些所谓的新的"补贴"年金。这是行业里一种新的伎俩，目的是为了把投资者继续套牢在这类高成本的产品上，并带给他们新的、甚至更大的佣金收入。那些很快就过了退保收费期的年金持有者经常会听到下面这样的故事：

我知道你对于现在持有的可变年金感到不满意，因为这项投资有糟糕的表现。我也知道你的退保费为3%，我们可以预先提供给你3%的"补贴"来"帮助"你弥补你的退保费。而做这样的转换不会让你有任何的花费。

不幸的是，仅有的"补贴"其实是补贴给了销售人员。这样转换后退保期将重新计算，并且新产品的退保期通常会更长，退保费则更高。退保期可能就被延长至10年，而惩罚金则从7%增加至9%。年金持有者现在被锁定在了一个新的高成本（甚至比以前更高）的产品里，又何来"补贴"之说呢？唯一可能存在的补贴就是以佣金的形式给到销售人员手里了。

在2000年的6月，美国证券交易委员会终于发布了"投资者警示"，并在网页上放置了宣传书来帮助投资者理解可变年金的收益、成本以及风险。

权益指数年金

权益指数年金是可变年金中一种特殊的类型。销售人员将其描述为"两全其美"的产品——提供了股权投资潜在的收益，又避免了下跌风险（因为有最低保证收益）。典型的权益指数年金具有以下的特点：

☞ 与某一指数（通常为标准普尔500）的正向变动的一部分有关联。与该指数收益关联的百分比被称作参与率。参与率也有不同，但通常在50%～100%之间。

☞ 本金保护。

☞ 无论该指数表现如何，都提供最低的保障。

☞ 延迟交税的增长潜力。

☞ 提供各种收入选项来满足不同的需求。
☞ 死亡抚恤金保证了受益人能获得100%的价值补偿。

有一句谚语说道，真正的魔鬼总是潜伏于细节之处。结构化产品就应验了这句话，魔鬼都藏于那些难懂的条文中——保险公司在构造权益指数年金时一定是设法为他们自己谋利的。"保险公司将微不足道的保险收益，不利的税收待遇，以及高昂的成本加在了共同基金里，然后当作权益指数基金来卖给投资者。"这是由两位来自于顶尖研究生院的金融学博士——克雷格·麦肯和罗登攀所做的一项研究得出的结论。两位研究者还推断，购买权益指数年金的保费中，有惊人的15%～20%是从这些不明就里的投资者手中转移给了保险公司以及这些公司的销售人员。我们的结论是：权益指数年金正是那类"太好以至于不真实"的产品的典型代表，这些产品被销售的原因是因为它们提供了比共同基金更高的佣金收益。而似乎全国证券交易商协会（NASD）也同意这个结论。在2005年6月，NASD发布了一项投资者警示，描述了权益指数年金的复杂性以及潜在的陷阱和圈套。

再重复一次，你其实不用去读那些契约中难懂的条文，你也不必去知道如何分析这些产品中内嵌的各种成本，你仅仅需要明白的基本原则就是，**保险公司的职责是销售最能替他们赚到钱的产品，而不是提供给你最高的收益。**

聪明的投资者也会犯的错误

错误 70
你是否在追逐你的 IPO 之梦？

投资者所犯的错误代价更高的一个就是购买那些首次公开发行的股票。和之前讨论过的可变年金一样，首次公开发行股票也是为了销售而销售的产品，并非你应该购买的产品。华尔街喜爱 IPOs 的原因是因为这能为他们带来巨额的收益。投资者拼命地寻找下一家微软或者谷歌，他们购买新股就如同购买彩票一样疯狂。而不幸的是，通常他们的投资更多的是以易贷、价格线，或者抵押贷款网这类的公司告终。让我们来看看新股实际的表现吧。

有一项研究内容是这样的，以 1970～1990 年间所有新股发行当日的收盘价买进新股并持有 5 年，这样的投资策略能带来的年收益率仅为 5%，比起相似市值的公司的基准收益率低了 7 个百分点。

美国弗瑞公司研究了 1988 年 5 月至 1998 年 7 月间 4900 只新股，发现到 1998 年 7 月时，只有不到 1/3 的股票价格高于发行价。此外，几乎有 1/3 的股票甚至已经不再交易了（可能是破产了，被收购了，或者不再在活跃的市场上交易了）。

佛罗里达大学金融学教授杰伊·里特关注了从 1988～1993 年间融资额度大于 2000 万美元的新股，总共有 1006 只股票，他发现这些新发行股票在上市 3 年后的回报值比罗素 3000 指数低了 30%，他同时还发现了有 46% 的新股的收益率为负。

还有另一个不支持投资新股的事实证据就是，除非你足够幸运能够以协议价买入股票。学术研究的基础仅限于该投资策略是否可行，因此，通常学术研究所使用的价格都是新股发行日的收盘价。然而遗憾的是，许多投资者还是不能够以当天的收盘价买入股票。让我们来看看最热门的新股之一，VA 莱纳克斯系统在 1999 年 12 月 9 日的公开发行创下了单日股价上升的记录，

第四部分　在构建投资组合时所犯的错误

第二天华尔街日报的头条惊呼到"VA 莱纳克斯成为流行"。这只股票的上市发行价为 30 美元，而当日收盘价为 239.25 美元，涨幅几乎达到了 700%。然而，股票开市的价格就达到了 299 美元，随后一度冲高到 320 美元，最终跌去 81 点并停留在了 239.25 美元的收盘价位上。考虑到流通股的数量为 440 万股，当天交易量 760 万股也算是非常大的了。很明显有很多投资者在当天的交易中亏了很多的钱，如果以开盘价计算，投资者当日的损失为 20%，而在第五个交易日，损失就扩大到了 40%。然而华尔街日报仍旧关注的是以上市发行价计算出来的收益，并不是大多数散户投资者所经历的巨额亏损。

关于 VA 莱纳克斯还有另外一则有趣的故事：我有一位同事弗拉基米尔·马赛克在发行当日曾经接到过来自爱德华·琼斯公司一位经纪人的陌生电话，这位经纪人提供给我的同事一个"机会"可以在 280 美元的价格买进 VA 莱纳克斯公司的股票，弗拉基米尔问这位经纪人，"VA 莱纳克斯是什么样的公司？"这位经纪人回答道，这是一家在操作系统领域会将微软完全赶出市场的极好的公司，以及其他种种之类的话。弗拉基米尔于是告诉这位经纪人，他本身对于莱纳克斯系统非常熟悉。事实上，他极有可能是美国前 100 名安装莱纳克斯系统的人了，然而他根本没有听说过 VA 莱纳克斯公司。而这位经纪人实则对于莱纳克斯一无所知——不知道莱纳克斯是免费发布的，也不知道虽然有着很好的技术和用户推崇，VA 莱纳克斯根本没有办法从这项技术上获利。电话挂断之后这位经纪人从此再没有给弗拉基米尔打过电话。

面对这么差的投资回报，为什么投资者仍然热衷于追逐新股呢？有两点解释了这些看似不合理的举动。第一，除非投资者恰好读到了例如《金融杂志》这样的学术类刊物，不然他们很难意识到事情的真相。第二点，即使真的意识到了，投资者仍然经常做出不理智的举动。这种情况下，又是"希望战胜经验"的一个例子了。即使获得低回报率的可能性很高，投资者仍然愿意接受，以换取机会很小的一次"本垒打"（大胜利），可能更重要的是，这为他们下一次鸡尾酒会提供了极好的谈资。

小结

在体育界有一句古话说得好，最好的交易就是那些你没有做成的交易。

聪明的投资者也会犯的错误

你也可以避免犯投资新股的错，只要记住，新股发行为华尔街的公司提供了巨大的收益，而对于投资者而言则是非常糟糕的投资。对于新股发行避之则吉。没错，你的确有可能投资新股而收获了下一个微软，但可能性更大的结果就是你获得了糟糕的回报。

第四部分　在构建投资组合时所犯的错误

错误 71
你是否明白你可能太过保守了？

拉里非常热爱打网球，然而过度的比赛给他带来了"网球肘"，并不得不面临肌腱手术。幸好，他的主治外科医生主张积极的术后治疗，他在一周内就拆掉了石膏并开始了物理治疗，几个月内就完全康复并重新回到了网球场上。

另一方面，拉里有一些朋友也经历了相同的手术，但是他们的主治医生给出了更加保守的疗法。他们打石膏的时间明显长很多，而物理治疗也不那么积极，结果就是他们的恢复期长了很多。最保守的策略并非总是最合适的，在投资中显然也是如此。

当我们接近和进入退休年龄后，我们承担风险的能力降低了。原因之一就是我们的投资期限变得更短了，等待不可避免的熊市结束的能力下降了。另外一个原因就是我们不再工作了，因此也就不再具有相同的从财务损失中恢复过来的能力了。第三个原因是熊市带给我们的心理压力很有可能降低我们承担风险的意愿。因此，随着人们慢慢接近退休年龄，投资者应该降低他们在股票上的配置。然而正如你将看到的，他们有可能变得过于保守。我们先来看一些历史证据。

先看一个包含了四个投资组合的例子——组合 A、B、C、D。组合 A 投资于长期国债。组合 B 分配了一小部分（10%）到股票上（标准普尔 500 指数）。组合 C 和 D 要更加进取一些，分别分配了 20%和 30%到标准普尔 500 指数上。投资期限是从 1926~2010 年。下表显示了这四个投资组合的回报率和标准差。

聪明的投资者也会犯的错误

	投资组合 A 全债券	投资组合 B 90％债券	投资组合 C 80％债券	投资组合 D 70％债券
年收益率	5.5％	6.1％	6.8％	7.3％
年标准差	9.5％	8.9％	8.8％	9.2％
表现最差年	−14.1％ (2009)	−10.8％ (2009)	−12.9％ (1931)	−16.7％ (1931)

将投资组合的一小部分配置到股票上增加了回报的同时还降低了组合的波动率。假如以最糟糕一年的损失来论，当股票配置比例为30％时风险最大，而配置了10％和20％股票的投资组合风险则降低了。

从上面的证据中我们可以得出结论，对于全债券的投资组合，增加少量的股票资产在提高收益率的同时还能降低组合的波动性。而原因是虽然股票比债券波动性更大，但是股票与债券的相关性也很低。标准普尔500和长期国债的年相关性仅仅只有0.07。有很多时候当债券提供了负的收益率时候，股票却提供了很高的正收益率。参考一下下表的数据。

年　　度	标准普尔500指数（％）	长期国债（％）
1933	54.0	−0.1
1951	24.0	−4.0
1958	43.4	−6.1
1967	24.0	−9.2
1980	32.4	−4.0
1999	21.0	−9.0
2009	26.5	−14.9

当然，也有时候当股票遭遇严重下挫的时候，债券却提供了资产的安全港。你可以看看下面这个表格。

年　　度	标准普尔500指数（％）	长期国债（％）
1930	−24.9	4.7
1937	−35.0	0.2

第四部分 在构建投资组合时所犯的错误

续表

年　度	标准普尔 500 指数（%）	长期国债（%）
1957	－10.8	7.5
1962	－8.7	6.9
1974	－26.5	4.4
2000	－9.1	21.5
2002	－22.1	17.9
2008	－37.0	25.8

更有效的分散化

投资者还可以用其他的一些方法来增加投资组合的效率。我们来看看下面两种方法：第一种与投资者犯的另一个错误有关——过分保守。如同我们在第 13 个问题中所讨论过的，许多投资者认为境外股票要比国内股票的风险更大，于是他们只持有美国的股票。下面表格中的数据将说明为什么我们应该将境外股票包含进入投资组合中。

我们来看看这 3 个投资组合。组合 A 仅仅持有债券，组合 B 有 20% 配置了标准普尔 500，组合 C 配置了 10% 的标准普尔 500 以及 10% 的摩根士丹利资本国际指数（欧洲，澳大利亚与远东地区）。数据涵盖的时期是 1970～2010 年。

	投资组合 A	投资组合 B	投资组合 C
	100%债券	80%债券 20%标准普尔 500	80%债券 10%标准普尔 500 10%国际 EAFE
年收益率	8.7%	9.3%	9.4%
标准差	11.7%	10.3%	10.3%

投资组合 C 不仅提供了最高的收益率，同时也有着最低的标准差。历史数据同时还告诉我们，配置一定数量的小盘股和价值股将进一步增加这些投资组合的效率。这种做法在境外股票部分尤其有效，将小公司的股票加入到投资组合会带来最大程度的分散化收益（国际小盘股比起国际大盘股来，与

美国股票的相关性低了很多)。

我们再来看看另外一种增加投资组合效率的办法,仍然是关于保守性的讨论。这一次我们将持有的债券的期限缩短,从长期国债转为 5 年期国债,因此降低了长期(价格)风险。正如你将看到的,降低了长期风险将使得我们可以增加股票的持有量而维持组合的波动率不变。投资组合 A 持有 80% 的长期国债和 20% 的标准普尔 500。投资组合 B 持有 70% 的 5 年期国债,以及 30% 的标准普尔 500。投资组合 C 持有 65% 的 5 年期国债,以及 35% 的标准普尔 500,投资跨度为 1926～2010 年。

	投资组合 A 80%长期国债 20%标准普尔 500	投资组合 B 70%五年期国债 30%标准普尔 500	投资组合 C 65%五年期国债 35%标准普尔 500
年收益率	6.8%	7.2%	7.4%
标准差	8.8%	7.3%	8.0%

你可以看到,投资组合 B 和 C 比起组合 A 来更加有效。

小结

随着投资者逐渐接近和进入退休年龄,更加保守的投资策略是恰当的。但是证据显示大家有可能变得过于保守了。这么做的结果有可能会导致投资组合"失败",从而使得投资者没有足够的金融资产来维持他们辛苦获得的生活方式。

幸好,我们并不需要保守到将股票彻底的排除在投资组合之外。证据表明,组合中配置 30%～35% 的全球性分散化的股票资产,再配合持有短期固定收益类资产,将很有可能提供给投资者更高的回报,而组合的波动率将与持有长期政府债券的组合一样,甚至更低。

第四部分　在构建投资组合时所犯的错误

错误 72
你是否过高的估计了你退休后每年可以套现的比率？

令人遗憾的是，这不仅是一个极常见的错误，还有着潜在的灾难性的影响：资产不足以维持你期望的生活方式。我们来看看为什么会这样。

从投资的角度来看，进入退休状态的核心问题就是：需要多大的投资组合来完全保障退休以后的生活？因此退休人员必须能够回答下面这些问题：

- 我的（以及配偶的）预期寿命是多少？
- 通货膨胀率是多少？
- 投资组合的收益率是多少？
- 需要多少资产才足以维持我期望的生活方式？

时间、通货膨胀、波动率以及预期收益率对于退休后的影响比以往更大。在工作的时候，几年的高通胀或者负收益率都是可以克服的，我们可以增加储蓄或者工作更长的时间来弥补投资组合的损失。而在退休以后，无论市场是否景气，我们总是需要套现的。

我们首先来解决预期寿命的问题，大多数人都低估了自己的预期寿命。举个例子，夫妻双方都为 65 岁，平均来讲离他们中最后一个去世的预期至少为 20 年以上。此外，在决定你需要你的资产维持多少年生活的时候，你不应该简单地用平均寿命作为参考，平均数意味着约有 50% 的可能会活得更长。下表中的标准则更加可靠，超过的概率为 20%。例如，60 岁的男性预期再活超过 27 年的概率仅为 20%。

制订退休规划时对于投资期限的计划

所处年龄	女　　性	男　　性
55	36	32
60	31	27
65	27	22
70	22	18

来源：国家卫生统计中心。

需要明白的非常重要的一点是，夫妇中最后一位去世的预计时间比起两人分别的预期寿命要长很多。

现在来看看投资收益和通货膨胀的问题，投资者常犯的一个错误就是在预测收益率的时候，太过单一地使用平均值了，我们来看看这是怎么发生的。

假设现在是1998年初，你使用的平均值来自于这样一个投资组合——从1926～1997年，由75％标准普尔500和25％美国国债组成的投资组合的平均收益率为10％，而同时期的通货膨胀率为每年3％，因此真实回报率（通胀调整后）则为7％。你或许会就此认为，从100万美元的投资组合中每年可以套现7万美元（并随着未来通胀而调整），从长期来看不会影响到组合的实际收益。而这种想法的问题就是，通货膨胀率和投资收益率每年都不同，使用平均数可能会导致非预期的事件发生。假如你是在牛市到来之前退休的，你很有可能可以每年套现7％并维持你的投资组合价值高于100万美元，而如果你是在熊市来临之前退休的，情况就会完全不同了。假设你是在1972年末退休的，每年套现原始本金的7％并随通胀调整的话，你将在10年内花光所有的资产，也就是1982年底！这是因为标准普尔500在1973～1974年的熊市中下跌了几乎40％。

在熊市时仍然定期的从投资组合中套现将加剧市场的下跌，并导致组合跌到一个甚至永远无法恢复的程度。例如，当年投资组合的收益率为－20％，投资者套现了7％，结果就是该投资组合在那一年缩水了27％。接下来的一年要上涨37％才能刚好盈亏平衡，如果要维持7％的支取，则需要上涨44％。不仅如此，你还得考虑这一年的通货膨胀率。

考虑到在退休初期可能发生的市场下跌，投资者需要判断每年可以套现多少，并且不会发生他们还在世而资产已经耗尽的情况。基于历史数据来看，一般的规则是假如投资期限为30年或者更长，每年套现不应超过最初资产值的4%。这个数目可以按照前一年的通货膨胀率来调整并提高，以便维持相同的实际购买力。历史数据表明，股票配置在50%及以上的投资组合发生资产不能维持生活的概率低于5%。请注意，即使75岁的投资者的投资期限也有15年，而这15年间所建议的套现率也仅仅为6%。

使用4%的套现率，我们可以很容易计算出退休后需要多大规模的投资组合。投资者可以估计出期望的税前收入（扣除社会保险和养老金以后）再乘以25（4%的倒数）。例如，在考虑社会保险（及相关的支出）以后，投资者每年需要的税前收入为5万美元，那么他的投资组合需要达到125万美元（5万美元×25）。使用6%的套现率，则需要乘以17。

使用下面的表格可以帮助你避免将套现率设定得过高，表格里百分比下面的一列数字是指，投资者仍然在世却已经无钱可取的概率，下面几个表格对应不同的投资期限和预期寿命。随着投资期限变短，投资者每年可以从组合中套现的比例更大，安全性更高，但很有可能仍然远低于投资者原本想要套现的比例。

不会无钱可取的概率：30年投资期限

（历史数据：1926～1996年）

资产配置	每年套现/组合初始价值（%）*			
	4%	5%	6%	7%
100%股票	95	85	63	59
75%股票 25%债券	98	83	63	49
50%股票 50%债券	95	76	51	17
25%股票 75%债券	71	27	20	12
100%债券	20	17	12	0

聪明的投资者也会犯的错误

不会无钱可取的概率：20 年投资期限

（历史数据：1926～1996 年）

资产配置	每年套现/组合初始价值（%）*			
	4%	5%	6%	7%
100%股票	100	88	75	63
75%股票 25%债券	100	90	75	61
50%股票 50%债券	100	90	75	55
25%股票 75%债券	100	82	47	31
100%债券	90	47	20	14

不会无钱可取的概率：15 年投资期限

（历史数据：1926～1996 年）

资产配置	每年套现/组合初始价值（%）*			
	4%	5%	6%	7%
100%股票	100	100	91	63
75%股票 25%债券	100	100	95	82
50%股票 50%债券	100	100	93	79
25%股票 75%债券	100	100	89	70
100%债券	100	100	71	39

* 套现金额会随着通货膨胀率调整，以保持相同的生活水准。

来源：菲利普·库利、卡尔·哈伯德和丹尼尔·沃尔茨所做的研究，使用数据来自于伊博森咨询公司。股票是指标准普尔 500 指数，债券指的是长期高评级公司债券。

使用这几个表格我们可以看到，30 年投资期限的投资者要使成功率高于 90%，那么每年套现应被限定在 4%，20 年投资期限的投资者应该被限定在每年5%，而15年投资期限的投资者应该限定在6%。可以注意到，在三种情况下要使得成功率超过90%，股票的配置至少为50%。同时还得注意到，如果你希望更高的套现率的话，股票的配置应该更高，至少才有机会获得足够的回报。

请记住，在做退休规划的时候对于套现率的假设需要保守一些，因为在这上面犯错而无钱可花实在是太令人痛苦了。

错误 73
你是否将资产放置在了错误的投资账户？

当在面临选择是否应该将资产放入普通投资账户还是税收优惠账户时，普通投资者应该倾向于将股票资产（与固定收益类投资相对）放入普通账户。然而不管投资者是否会持有股票或者债券，在将资产投入任何正常缴税账户之前，总是应该先使用可抵税退休账户（例如个人退休账户，401（k）账户，或者403（b）账户）或者罗斯个人退休账户，除非他们需要流动性来应付意外的资金需求。因为税收优惠账户是避税最有效的投资账户，投资者总是应该尽最大努力先将资金存入这类账户。

将股票而非债券放入普通投资账户有六大优势：

（1）股票收益是资产利得，而债券投资（除了市政债券）是按照普通收益税率缴税的。

（2）普通账户下的证券在持有者去世的时候可以得到成本基础的提升，而消除掉资本利得（但不能去掉遗产税）。然而不好的地方在于，普通账户中的证券如果有未实现的损失，在持有者去世的时候成本基础将会下调。

（3）资本利得税只有在实现收益的时候才会产生，投资者因此至少有能力去控制实现这些收益的时间。此外，核心基金、税收管理型基金以及交易型开放式指数基金的出现已经大大提高了股票投资的避税功能。

（4）当普通账户出现损失的时候，可以出于税收的目的实现这些损失。资产的波动性越大，实现损失的价值就会越大。而股票的波动性就比债券大很多。

（5）普通账户内的资产可以捐赠给慈善机构，捐赠那些已升值的股票（优先选择那些持有时间最长、资本利得最大的）可以免除资本利得税。因为股票的期望回报高于债券，因此这项免税功能对于股票来讲价值更高。

（6）国外股票的股息收入税通常是由股票所在地征收。美国投资者因此可以要求外国税收抵免，而这样的的抵免只对普通账户有效。现在的情况下，假如外国资产被置于税收优惠型投资账户下，因为不能享受外国税收抵免而带来的损失约为股票红利的9%。有一点非常重要，假如投资的外国资产是"基金的基金"，那么基金的基金所获得的外国税收抵免是不能够传递给投资者的。

例外情况

优先将股票放入普通账户，将债券放入税收优惠型账户也是有例外情况的：

☞ 房地产投资信托（REITs）。因为股息是非合格的，需要按照普通收益税率纳税，所以REITs不是避税型的股票资产类别。由于投资者可以持有免税的市政债券，那些需要REITs的分散化效果的投资者则应该将REITs置于税收优惠型账户，其优先顺序甚至应该排在债券之前。

☞ 大宗商品。和投资REITs一样，那些希望获得大宗商品分散化效果的投资者也应该将大宗商品投资放入税收优惠型账户，即便因此不得不将债券放入普通账户。

☞ 流动性需求。那些有预期现金流和现金需求，或者有可能存在非预期需求的投资者，应该考虑将一些债券（通常是市政债券）放入普通账户。有一条被普遍使用的经验法则是，将6个月的支出需求投资于高投资级高流动性的资产。

优先顺序

有些投资者在做资产配置的时候可能会需要将股票既放入普通账户，又要放入税收优惠账户。下面是将资产置于税收优惠型账户的优先顺序：

（1）房地产投资信托和大宗商品。
（2）名义债券。
（3）通货膨胀保护型债券。
（4）没有适合的避税型基金可投资的国内和国外的股票。
（5）国内股票的价值股。

（6）国内股票的小盘股。
（7）新兴市场的价值股。
（8）新兴市场的小盘股。
（9）新兴市场的混合型。
（10）国内股票的混合型。
（11）国内股票的大盘股。
（12）国际股票的小盘股。
（13）国际股票的价值股。
（14）国际股票的混合型。

其他信息

当你在分析各类投资账户提供的各种选项的时候，请谨记以下几点：

☞ 基金避税的能力越强则越应该放入普通账户。

☞ 税收管理型基金一般来讲比非税收管理型基金更加节税。

☞ 对于资产类别的定义越广泛，基金通常会更加节税。例如，整体市场基金比狭义（例如小盘股）资产类别基金更加节税，而小盘股基金又会比小盘价值股基金更加节税。

☞ 大盘股基金比小盘股基金更加节税。

☞ 市场和成长型基金比价值型基金更加节税。

☞ 多重资产类别型基金（例如核心基金）要比单一资产类别型基金更加节税，因为随着股票从一个类别被归为另一类别时换手率更低。比如说，持有发达市场和新兴市场股票的国际核心基金要比分别持有这两类资产的基金更加节税。此外强制性换手率的下降，再平衡（在各个资产类别间）成本也会降低，如果一个国家从新兴市场被归为发达市场，核心基金也不用被迫做任何交易。

☞ 资产类别的波动性越大，税收选择权的价值就越高。因此，如果其他一切相同，资产类别（例如新兴市场）的波动性越高，就越应该放入普通投资账户。

第四部分 在构建投资组合时所犯的错误

错误 74
你是否认为所有的被动管理型基金都是相同的？

谨慎的投资者在开始投资之前会先建立好投资计划，并以投资策略说明书的形式呈现。投资策略说明书明确了投资者的目标，以及为了实现这些目标所使用的资产类别。一旦确定了资产配置，下一步就是选择适当的投资工具来获得对这些资产类别的风险敞口。对于被动型投资者来讲选择投资工具要比积极型投资者容易很多，因为可供他们选择的基金本身就要少很多。然而，即便是对于被动型投资者而言，选择起来也并非就是看看哪个基金的费用率最低这么简单。因为并非所有的"指数型"基金都是相同的。

虽然费用率非常重要，但是也并非就是唯一的考量因素。除了积极投资以外，基金经理们还有不少的方法来增加基金的收益。我们接下来就看看如何通过构建投资组合、税收管理和交易策略来提高基金的收益。

基准指数的选择，或者基金如何定义其持有的资产类别

这一点以下面几种方式影响收益率：

☞ 影响换手率，从而影响到交易成本和税务效益。一些指数的换手率比较高，而有一些指数设定的"购买和持有"的波动范围比较大，因此换手率更低（交易费用更低，税务收益更高）。

☞ 影响到了规模和价值这两个风险因素的敞口：敞口越大，风险和基金的预期收益越高。

☞ 影响基金与投资组合中其他资产的相关性：相关性越低，分散化的效果越好。

☞ 有一些指数不够透明，让积极管理型基金无法利用指数在重组（通常每年一次）时出现的"强制换手"。而像罗素2000指数，由于缺乏不透明性，一直以来都给指数基金带来问题。

☞ 基金可以通过引入动量效应来创造收益：当股票表现出持续下跌的态势时，暂时延迟购买这只股票；当股票表现出持续上涨的状态时，暂时延迟卖出这只股票。

☞ 基金可以筛除掉一些风险高、收益低的证券（如破产股、极低价股、新股）。例如，公共事业股和房地产股通常都有较高的账面市值比（因此这些股票也出现在大多数的价值股指数中），并且有着非常低的贝塔系数（对于股票风险的敞口）。而使用账面市值比作为筛选条件的价值股指数将这些股票纳入其中，对指数的收益造成了拖累。

☞ 指数重组的频率也可能会影响收益。大多数指数每年重组一次，太过频繁的重组可能会造成明显的风格转移。例如从1990～2006年，假如罗素2000指数在每年6月底重组，那么该指数中20%的股票都将不再属于其中，而结果就是一个基于罗素2000的小盘指数基金在一年当中对于小盘股风险的敞口变低了，而更低的风险敞口就导致了更低的期望回报。

有耐心的寻求交易

假如一个基金的目标是复制一个指数，那么这个基金就必须在有股票进入或者离开指数时交易股票，并保持每只股票于指数中的权重相同。而如果一个基金的目标是获得该资产类别的回报，那么该基金的交易策略就可以更加耐心（如果允许承担一定的跟踪误差的话），通过使用市价委托单和大额交易可以从那些想要立刻卖掉大量股票的积极型基金经理那里获得不少折扣。有耐心的寻求交易降低了交易成本，而大额交易有时候甚至可能产生负的交易成本。

税务管理

跟踪指数是相对节税的策略（因为相对较低的换手率），但是还有其他的方法同样也能提高基金的税务效率。第一种方法就是无论亏损是否严重，实现这些损失。第二种方法是尽量避免实现短期的资本利得。第三种方法是通过持有更大范围的资产来降低换手率。

借出证券

借出证券指的是一方将证券借给另外一方,借入证券的目的通常是为了卖空。在国际市场上,还可能出于另外一个原因借出证券——国内外投资者不同的股息税,因此在国外市场上有更大的增加收益的机会。

借出证券的费用是由双方协商所决定。有一些基金在通过借出证券来产生更大的收益,遗憾的是,你需要仔细研究年报才能找出这些数据。但是这些努力还是值得的,因为这带来的差异很大,尤其是那些小盘股(国内和国外)和新兴市场基金。

小结

只有一种正确看待事情的方法,就是整体地看待它。交易型开放式指数基金和先锋指数通常从费用率来讲都是最低的了,但是在衡量相似的被动管理型共同基金时,不仅要考虑其费用率,还要考虑其他一些能够为基金增加收益的方面。多做的这一点点功课会为你带来很大的回报。

聪明的投资者也会犯的错误

错误 75
你的信任是否缺乏验证？

苏格兰皇家银行，野村控股（日本），埃利－维瑟尔人权基金会，史蒂夫·斯皮尔伯格的神童基金会，以及纽约大都会，他们有什么共同之处呢？他们全都是伯纳德·麦道夫丑闻的受害者，在这起事件中，投资者累计损失达到了 500 亿美元。

投资者巨大的损失固然是悲剧，然而真正悲剧的是，假如投资者遵循了谨慎投资的一些基本规则，他们是不会做出这样的投资的。

投资里没有什么新东西

麦道夫骗局的许多方面都与那些失败了的对冲基金的故事一样：

- "俱乐部"专属的性质为这样的对冲基金创造了一种吸引投资者的光环，就如同在度假村里游泳酒吧吸引着客人一样。投资者似乎对于这种会员制专属俱乐部很有好感，他们渴望成为这类俱乐部的"圈内人"。
- 除了异性魅力，这类投资机会同样吸引着投资者，让他们始终抱有能够跑赢市场的期望。
- 信任一些在社交场合鼓励大家投资的宣传。
- 投资者并不知道他们的钱被投向何处了。
- 收益率似乎高得不像是真的。
- 投资者没有收到过审计过的财务报表。
- 最终崩盘的速度快得惊人。

投资者本来也应该发觉到麦道夫所宣称的收益率，是与他使用的投资策略不匹配的，他的策略是购买资产组合中股票的开跌期权和卖出抛补期权头寸。在熊市中，这样的策略应该会有比大盘稍微低一点的损失。然而麦道夫却持续地报告盈利，单凭这一点就应该让投资者有所警觉。更何况，执行他所宣称的策略所需要的交易量远远超过了整个交易所的交易量。

没能留意幕后的那个人

麦道夫之所以能够执行如此庞大的骗局，是因为他一直藏在"幕帘"之后。与此相反，公开交易的共同基金的操作就高度透明化。公开交易的投资工具有以下一些优点：

（1）公众持有的共同基金是一个高度监管的行业（美国证券交易委员会）。

（2）共同基金必须提供审计过的财务报表。审计内容包括共同基金的财务报表、联系托管人、经纪商和基金过户代理人，以确认证券的持有状况。

（3）共同基金并不行使资产的托管职能。

（4）共同基金本身并不行使基金的会计职能。

小结

在麦道夫骗局中承受最大损失的投资者是某几家大型银行的对冲基金，他们全都宣传过他们识别资产管理人的能力，以及如何在风险调整过的基础上跑赢市场，他们也都曾骄傲地宣扬自己如何替投资者执行完美的尽职调查。而如同学术研究的证据表明的一样，这些宣称都是毫无依据的，再没有比这更好的例子来说明大肆宣传和人们的期望是如何战胜智慧和经验的了。

而最令人遗憾的部分是，假如投资者能够知道一些历史的证据，并遵循谨慎投资的一些基本规则，这次大悲剧是完全可以避免的。理解了过往的经验，就不难理解为什么要将你辛苦赚到的资产交给别人去投资到一些你完全不知道的地方，而你不仅要承担100%的风险，还得交出22%的收益了。而这些收益一点儿也不节税，并且完全没有证据表明这些投资表现有任何持续性，它们更像是随机事件的结果。再说一遍，这真是宣传和期望战胜了智慧和经验，而期望可不是什么投资策略。

聪明的投资者也会犯的错误

错误 76
你是否有替代方案？

如我们之前所讨论到的一样，旅行者不会在没有地图和方向的情况下驱车前往一处陌生的地方。然而仅仅只有一小部分的投资者拥有书面的投资策略说明书。谨慎的投资者起码在回答了下面四个问题的前提下才会做出投资：

（1）我的投资期限是多长？
（2）我的劳动所得是否与股票收益有很高的相关性？
（3）我的风险承受程度如何？
（4）我的财务目标是什么？

这还不够，投资计划需要考虑的不仅仅是股票和债券的期望回报，还要考虑收益远低于预期的可能性。比如说，在1990年1月，几乎很少有日本投资者会想到日本大盘股在未来二十几年的收益率会是负数。而美国国内的例子是，从1999~2008年，标准普尔500指数在10年间的收益率为负——这也是1930年以来的第一次。

我们知道，严重的熊市很可能会不定期的发生，而持续时间会有多长却不知道，因此财务规划中至关重要的一个部分就是备有替代方案（B计划）。这包含了当金融资产遭遇严重下跌而可能导致投资者资产耗尽的情况下投资者需要采取的行动。又或者投资者有一个遗留目标（希望或者需要将大量的遗产留给孩子们），而他不希望拿这个目标去冒险。

替代方案应该列明，当金融资产跌到一个事先确定的程度时需要采取哪些行动，这些行动可能包括：继续工作一段时间（或者如有可能重返工作岗位），减少当前花费，降低财务目标（花费的需要），卖掉房子（或者卖掉第二套房），或者搬迁到生活成本更低的住处。看看下面这个例子。

在2003年，布朗夫妇正好都是50岁。布朗夫人是一位成功的医生，而布朗先生则是位大学教授，他们计划在60岁的时候退休。在与投资顾问讨论

第四部分 在构建投资组合时所犯的错误

之后,依据他们的风险容忍程度,他们将投资组合的"最差情况"设定为累计损失 25% 的资产。他们认为,使用这一数据 60% 的股票配置是恰当的。基于历史证据,布朗夫妇知道他们的投资组合损失超过 25% 的概率是非常低的,然而仍然是有一定可能性的。假如没有应急计划来应对这种极小概率事件,就如同犯了不购买人寿保险的错误一样,哪怕在近期死亡的概率非常的低。

布朗夫妇没有犯这样的错误,他们意识到仍然有可能性存在。然而,虽然他们意识到了小概率事件发生的可能性,但这并不是意味着他们要把小概率事件作为他们做投资规划的"基本方案"。

最差情况不应该被作为基本方案

使用最差情况来作为基本方案意味着承担风险的能力非常大程度的降低,因此回报也相应非常的低,他们所能花费的数目也比当最差情况没有发生时低了很多。布朗夫妇辛苦的工作和储蓄,并希望能够享受到这些努力所能带来的回报。另一方面,他们并没有不理会投资失败的可能性。考虑到这一点,他们决定如果有需要的话,他们会采取以下的措施:

- 卖掉他们的第二套房。
- 降低 10% 的每日开支。
- 减少 50% 的旅行预算。
- 延迟退休并工作到 65 岁。

他们还讨论了可能需要采取的进一步的措施,例如缩小他们现在居住的房子的可能性,或者搬迁到国内另一生活成本更低的地方。尽管他们绝不希望去执行这些措施,但是他们对这些都是有所准备的。

拥有一份正规的书面投资计划并非必须的,但是将这些写下来还是能帮助布朗夫妇更好地理解和面对他们所承担的风险。他们希望以现在的生活方式生活下去,而他们需要为此承担风险,他们需要为这些风险做足准备。

在接下来的 5 年时间里,布朗夫妇享受着他们期望的生活。当 2008 年金融危机到来的时候,他们早就有所准备并采取了一些在 2003 年所讨论到的措施。而其他大多数投资者则并没有做好这样的准备。

小结

拥有一份完备的投资计划当然非常重要。然而，这并不够，除非这份计划还包含了完整的遗产、税收和风险管理计划，并且还为市场不佳备好了替代方案。那些对负面情况可能会发生而做好估计和准备的人，将更有可能在应对这些事件上取得成功。

第四部分　在构建投资组合时所犯的错误

错误 77
你是否重复犯相同的错？

和很多人一样，我（RC·巴拉邦）一直以来的目标就是想要拥有更好的体形。每一次我感到这方面的困扰，我会做同样的事情：重新开始那些荒废已久的锻炼，清理冰箱，并告诉自己这一次真的不同了。但每一次都没法坚持下去，因为下面这些原因：

- 工作或者其他事情变得繁忙，使得我锻炼的时间变少（或者至少给我借口不去健身房）。
- 与朋友会餐而使得我无法照规定饮食。
- 商店的打折特卖总会使我再次填满我的冰箱，而这些食物都是来自于加工厂而非农场。

不管出于什么原因，我仍然做着相同的尝试，并期望着不同的结果会出现，那些比我聪明的人会认为我这样很疯狂。事实上，我的确没有合理的理由相信这一次会有什么不同，因为不知道什么样的方法对我最有用，我仍然犯着同样的错误。

相同的事情也发生在投资上。缺乏必要的知识来做出谨慎的投资决策，就很容易一直犯着相同的错误，即使你不停地告诉自己这一次真的不同了。

有时候，你甚至可能在投资上犯了错却毫不知情，而有些时候，你可能知道你犯了错，但没法简单地意识到这项错误让你付出多大的代价。我们这本书的目的就是希望能够帮你克服一些偏差和行为上的倾向，从而做出正确的投资决策。对于书中出现的错误，你不会再以无知作为辩护了。就像卡罗尔·塔夫里斯和艾略特·阿伦森在他们的《谁会认错》一书中提到的："如果你能在错误还小得像一颗橡果的时候承认错误，那将比它变成一颗大树有着又深又广的根时容易弥补得多。"

聪明的投资者也会犯的错误

然而，你会发现想要克服这些障碍是非常艰巨的任务，你需要帮助才能实现你的财务计划，就像我的健身目标一样。我的转变是从一位朋友介绍了他的教练给我开始的，经过对他的了解我决定是时候做点儿什么不同的了。

我们一起研究了我需要做出改变的地方。有一些是来自于教练的推荐，例如减少咖啡因的摄入。对我而言这一点非常困难并经常与之抗争（现在仍然如此），而其他的，例如少吃些百吉饼则似乎与传统智慧相违背了。

不仅如此，我真的下定了决心要给自己一次实现目标的机会，所以我坚定地投入到了这一健身项目中。在 2009 年，我第一次跑完了半程马拉松，接着在同一年里我再跑了三次。2010 年，我在美国四个州参加了 8 项竞赛。

可能你在投资中也会与我面临同样的状况：你面临一些非常具有挑战性的行为偏差，并需要一些帮助来建立和遵守你的投资计划。在你的投资旅程中，一位值得信赖的投资顾问或许会成为你最成功的一项投资。

无论你是找到一位投资顾问或者你独自操作，我们的建议都是希望你制作一份完全依据你的风险承受的能力、意愿和需求的投资计划书。在计划书中，明确你的投资目标，以及恰当的资产配置和再平衡表格，这些都会帮助你更好地实现你的目标。你的计划还应该解决税收的问题，以及一些可能导致资产缩水的外部风险（例如死亡或残疾，关于如何建立投资计划，请参阅《正确的财务规划指南》一书）。

总结

我曾经试过用客户的钱和我自己的钱去投资，我尝试利用了每一个学者创造出来的市场异常和具有预测性的结果。然而我没有从这些假定的市场无效上面赚到哪怕是五分钱，所谓的无效应该就是能被利用来获利的机会。

假设投资者无法用一种系统化的方法来利用这些无效性，那么长期下去，就很难说这些信息不是已经恰当地反映在股价上了。

现实世界的投资策略是不会产生与学术报告上一样的投资结果的。
——理查德·罗尔，金融经济学家，投资该组合管理公司负责人
罗尔和罗斯资产管理公司
《华尔街日报》，2000 年 12 月 28 日

当我在全国各地向投资团体发表演讲时，或者待在我的小笼子里写文章时，因为拒绝给那些希望跑赢市场的人们投任何信任票，我经常被指责为使

人"灰心丧气"。我所知道的最深刻、最有意义的知识就是,我其实什么都不用知道。就我自己而言,我认为这就是最大的激励了。除非你自己这么想,不然你不可能不理会投资预测界的各种消息,否则你将永远不可能有勇气和毅力拒绝去听(他们的话)。但假如你可以闭上耳朵不去听任何人关于市场的预测,那么,在长期来讲你几乎可以获得比谁都高的收益率。唯一能使你成功的秘诀就是"我不知道,我也不在乎"。

——杰森·茨威格

"这一次不同了。"这恐怕是英语中对投资者而言最危险的几个字了。没错,这个世界正发生着可能比以往任何时候都要快的变化。互联网、无线通讯以及生物科技都促进变化的加速,投资世界同样也在迅速地改变中。个人投资者现在不仅仅能够接触到和机构投资者一样及时的信息,他们比以往也有更多的投资选择了,包括一些新的投资工具,比如交易型开放式指数基金、通货膨胀保护债权、通胀挂钩债券等。金融世界与几年前已经大大的不同了,但是,所有的这些并没有改变投资的本质。被动型投资者比积极型投资者获得更高回报的概率,就如同鲑鱼会产卵,鲸鱼会迁移,燕子会回到卡佩斯诺一样。如果你遵循了下面的这12点,你将可以避免犯那些即使是精明的投资者也会犯的错误。如同特德·卡茨比所说的:"虽然投资者可能会不理智,市场在短期来讲可能会有夸张的走势,然而长期和有纪律的投资可以同时克服这两个问题。"

(1)仔细听加里·贝尔斯基和托马斯·基洛维奇的话:

①那些在金融服务行业并不专业的人和那些用各种方式尝试积极型投资管理投资组合的人很可能受过度自信的损害。换句话说,任何人对他或她的能力和知识足够自信去投资某只特定的股票和基金(或者积极型投资管理的共同基金或者不动产投资信托或有限责任制合伙公司)是最有可能愚弄到他自己的。

②大部分这样的人,可能是你,完全没有必要挑选投资,除了体育。这些人,再次可能是你,大概应该把他们的资金分散到几个指数基金并挂上CNBC[2]。

(2)除非为了娱乐价值,关上CNBC,取消你订阅的关于金融交易出版的杂志,并且不再浏览网上留言板上兜售的好基金、好股票或者新的有趣的投资策略。如果你需要或者享受积极型投资的刺激,建立一个娱乐账户存有5%~10%的资产投机。可能你的业绩不会很好,但是你不会因此破产。

(3)明确知道你自己独有的**风险容忍能力**、**承担风险的需要**、**投资期限**,以及对现金流的需求。

（4）建立一个由被动投资工具组成的全球性分散化的投资组合，使用例如被动型资产类别基金、指数基金、包含多种资产类别的交易型开放式指数基金。对于股票类资产部分，你绝对应该考虑一些风险资产类别，例如小盘股和价值股、房地产股、国际股票，以及新兴市场股。有太多的投资者误认为指数化就是专门使用标准普尔500指数基金或者整体股票市场基金。如彼得·伯恩斯坦说道："假如我将投资标准普尔500指数基金，并认为这样做就是投资中的万全之策，而事实上我只是买入了一个非常不够分散化的投资组合，其中权重最大的就是那些价格已经上升了很多的股票。这真的就是我想要投资的吗？"

（5）写下一份投资策略说明书，并签名做实。每年回顾一次，提醒你自己是否真的采用了这些策略，以及看看是否你的个人状况改变了一些你之前的假设。

（6）使用投资策略说明书中的指引，定期的再平衡你的投资组合，使其恢复到你的目标资产配比。

（7）将你避税功能最佳的资产类别置于普通投资账户下，而避税功能欠佳的资产类别置于延迟缴税账户。如果可能，将税收管理型基金置于普通投资账户下。

（8）在一年中自始至终地对你的投资组合进行税收管理。

（9）尽早并尽力储蓄。

（10）明白一些主要花费的真实成本。

（11）不要将欲望当作需求。

（12）享受你的人生。

遵循了这本书中的建议，你可以避免犯那些即使是精明的投资者也会犯的投资错误，你付出的学费仅仅是这本书的价格。而另一方面，你也可以选择去择股、择时交易，以及投资于积极管理型的基金。假如你选择了后面这条投资的途径，考虑下面这条警示：每过几年投资者就会交出大笔的学费单，而那个数量则远远大过这本书的价格。

对于那些想要更多地了解现代投资组合理论以及有效市场假说的人，我建议你们阅读《你唯一需要的制胜投资策略指南》《追寻阿尔法》以及《简简单单巧投资》，我们希望你从书中获得的知识能帮助你避免理查德·泰勒所提出的警告，我们将其总结为："假如你准备要反复地做什么蠢事，将有很多的专业人士会非常乐于从你的这些蠢事中赚走你的钱。"

术 语 表

401（k）——一种由公司提供给其员工的固定缴款的养老金计划,并允许员工以退休为目的获得延缓缴税的收入。

403（b）——一种由非盈利机构而非公司提供的退休计划,例如大学和慈善机构,与401（k）相似。

5%/25%法则（5 Percent/25 Percent rule）——用来决定投资组合再平衡的数字公式。

积极管理（Active management）——尝试在市场中找出被高估或者被低估的证券;同时尝试择时交易,当市场在上升时重仓持有,而在市场下跌时轻仓持有。

阿尔法（Alpha）——一种衡量收益率与实现确定的基准的方法。正的阿尔法代表表现更好;负的阿尔法表示表现更差。

套利(Arbitrage)——投资者利用价格的差异在两只完全相同的证券上,一边以低价买进一边以高价卖出(因此避免了风险)。该行为替套利者(执行套利的人)锁定了无风险的收益,在有效市场上,并最终将价格带到其均衡的水平。

资产配置（Asset allocation）——确定特定资产类别应该以什么样的比例持有的过程。

资产类别（Asset class）——一组具有相似风险和回报特征的资产。资产类别的例子有现金、债券、房地产以及股票。在一个资产类别中,比如股票,有更加具体的类别,例如大盘股、小盘股、国内股和国际股。

巴拉指数（Barra indexes）——将三个主要的标普指数（标普 400 中盘股、标准普尔 500 大盘股、标普 600 小盘股）分为成长和价值两类。按账面市值比最高的 50％的股票被认为是价值股，而另外 50％被认为是成长股。这也为三个标普指数创造了价值和成长指数。

基点（Basis point）——在引用收益率时所使用的最小单位。它等于 1％的一百分之一，也即是 0.0001。

基准（Benchmark）——一个适当的标准，可以用来判断积极管理型基金的表现。积极管理型大盘成长股基金应该与大盘成长指数作为基准来比较，例如标准普尔 500。而小盘基金则应该以小盘指数来进行比较，比如标普 600。

证券买卖价差（Bid-offer spread）——做市商愿意买入和卖出某种证券的价格之差。做市商的买入价是你可以卖出证券的价格，做市商的卖出价是你可以买入证券的价格。价差代表了不计佣金的双程交易（买入和卖出）的成本。

账面市值比（Book-to-market（BtM）ratio）——每股账面价值与每股市场价值的比率，或则账面价值除以市值。

账面价值（Book value）——对于一家公司权益的会计名称。权益等于资产减去负债，并经常以每股账面价值的形式表达。每股账面价值就等于权益除以股票的数目。

看涨期权（Call）——它给合约持有者（即买方）在特定的时间（欧式看涨期权）或者时间段（美式看涨期权），按照约定的价格从对手手中购买特定数量之特定交易标的物的权利，而非义务。

美国证券价格研究中心（Center for Research in Security Prices（CRSP））——位于芝加哥大学商学院的金融研究中心。CRSP 建造并维护美国股票（纳斯达克、美国证券交易所、纽约证券交易所）、指数、债券，以及共同基金的历史数据库。这些数据库被学术界带头人和企业界的领袖用于金融、经济和会计的研究。

术语表

炒单(Churning)——经纪人使用客户的账户进行过度交易来最大化他们的佣金收入,而置客户的最大利益于不顾。炒单违反了美国证券交易商协会的规定,并且是非法的。

秘密指数基金(Closet index fund)——一种积极管理型的基金,它的持有头寸与某一指数基金非常相似,投资者却为非常小的一点儿差别在毫不知情的情况下付出了大笔的费用。

相关系数(Coefficient of correlation)——描述不同证券或者资产类别间价格运动的相关性的统计用语。相关系数越高,价格越是以相同的方向运动。

可被补偿的风险(Compensated risk)——不能被分散掉的风险(例如拥有股票的风险)。投资者因为承担了可被补偿的风险而获得的市场回报被称为风险溢酬(更高的期望回报),并与他们所承担的风险相一致。

凹度投资(Concave investing)——与凸度投资相对。投资者遵循的投资策略为购买昨天表现差的股票(买低),并且卖出昨天表现好的股票(卖高)。

凸度投资(Convex investing)——投资者有一种低卖高买的倾向。即购买昨天表现出色的股票或共同基金,卖出昨天表现较差的品种。

相关性(Correlation)——在数学中,衡量了两个变量间的线性关系。取值范围为-1.00(完全负相关)至$+1.00$(完全正相关)。两家石油公司就是高正相关性的例子。石油公司(从石油价格上涨中获益)和航空公司(从石油价格下降中获益)就是高负相关性的例子。

CPI——消费者价格指数。

CRSP——参见美国证券价格研究中心。

数据挖掘(Data mining)——通过从大量数据中识别出模式来建立真实世界中的预测模型的技术。

钻石ETF（Diamond）——复制道琼斯工业指数的交易型开放式指数基金。

困境股（Distressed stocks）——拥有高账面市值比，或者低市盈率的股票。困境股通常被认为是价值股。

DJIA——道琼斯工业平均。

EAFE（欧洲，澳大利亚，以及远东）指数（（Europ, Australasia, and Far East）Index）——与标准普尔500相似的指数，包含了来自EAFE国家的大公司。该指数内的股票是以市值为权重的。该指数由摩根士丹利资本国际维护，并因此被称为MSCI EAFE指数。

有效市场假说（Efficient market hypothesis（EMH））——一种市场是"信息化有效"的假说。认为交易资产（例如股票，债券）的价格已经反映了所有已知的信息，并且反映了投资者对于未来的一致无偏预期。有效市场假说表明使用任何市场已知的信息是不能够持续跑赢市场的，除非是走运。

新兴市场（Emerging markets）——正开始发展出发达国家的一些特征（例如高人均收入）的发展中国家的资本市场。这一类别通常包含的国家为巴西、墨西哥、泰国，以及韩国。

事前（Ex ante）——事前。

交易型开放式指数基金（Exchange-traded fund（ETF））——既是交易所交易的股票，也是开放式的，无佣金的共同基金。实际上，ETFs就像是开放式的无佣共同基金。像共同基金一样，它们可以被用来代表任何指数或者资产类别。像股票一样（但是不像共同基金），投资者可以每日交易。

费用率（Expense ratio）——基金的营运费用与总资产的比率。这些费用要从基金的投资收益中扣除，以决定股东们的净收益。

事后（Ex Post）——事后。

外国税收抵免（Foreign tax credit）——在国外获得的收益因为缴了国外的税，并因此获得了在美国缴税的抵免。

四因素模型（Four-factor model）——用来决定分散化股票组合的收益区别的模型。这些区别被四种风险敞口的数量所解释：整体股票市场（贝塔值）、公司规模（市值）、价格（账面市值比）特征，以及动量。

基本证券分析（Fundamental security analysis）——尝试通过预测未来收益来发现定价不合理的证券。

期货合约（Futures contract）——协议以某一确定的价格，在某一时间点，购买或者卖出某一特定的证券或者物品。例如，标准普尔500期货合约代表了在某一日期可以以某一特定的价格获得标准普尔500指数。

成长股（Growth stock）——市场预期会有快速盈利增长（相较于整体市场）的股票，通常拥有较高的市盈率（或者说较低的账面市值比）。

对冲基金（Hedge fund）——这类基金通常可以投资各种类别的资产。对冲基金经常使用杠杆来尝试放大收益。

通胀指数债券（I bond）——这类债券既提供了固定的收益，又提供了通货膨胀。债券的基本价值由固定利率和通胀部分共同决定。这类债券上的收益可以获得延迟缴税，直到将它们从所持有的账户中卖出。

指数基金（Index fund）——一种被动管理型的基金，并通过购买某一指数中相同比例的所有的证券来复制这一特定指数的表现（例如威尔希尔5000指数、标准普尔500指数，或者罗素2000指数）。

首次公开发行（Initial public offering（IPO））——一家公司的股票第一次向公众发行。

机构基金（Institutional fund）——这类共同基金不对个人投资者开放。

典型的客户包括养老金、利润分享计划,以及捐赠基金。

机构风格基金(Institutional-style fund)——这类基金在某些条件下对个人投资者开放,例如通过注册的投资顾问。这些顾问要求他们的客户承诺遵守与机构投资者相同的长期持有,买进并持有的投资策略。

投资迎合(Investment pandering)——对于市场或者证券的建议是为了激发并激励你去交易,而不是真正以事实出发的。

投资策略说明书(Investment policy statement(IPS))——说明书中明确了投资者的财务目标,以及为了实现这些目标所采取的策略。还包括有特定的信息,比如资产配置、风险容忍程度,以及流动性需求等。

投资色情文学(Investment pornography)——投资迎合的极佳的例子。

峰度(Kurtosis)——相较于正态(钟形)分布,大于或者低于平均值时发生得更频繁(高峰度)还是更加不频繁(低峰度)。高峰度导致的异常值被称作肥尾,低峰度表示瘦尾。

杠杆(Leverage)——使用债务来增加所能获得的资产的数量,例如用来购买股票。杠杆增加了投资组合的风险。

输家的游戏(Loser's game)——这种游戏中是无法取胜的,获胜的几率低到不值得参与。

市值权重(Market-cap weighting)——通过股票的市值与某个指数或者基准中所有股票的市值的比例来决定持有股票的数量。指数基金是以市值为权重持有股票的,而不是等权重法。

市值(Market capitalization)——每股市场价格乘以股票的数量。

均值方差分析(Mean-variance analysis)——确定最佳均值方差投资组合的过程,该投资组合在相同的方差(或者标准差)下有最高的预期收益率,或者相同的预期收益率的情况下方差(或者标准差)最低。

微型股（Microcaps）——市值最小的公司的股票：CRSP 分级中第九至第十十分位。其他的定义还包括所有股票中市值最低的 5% 的股票，或者市值低于 2 亿美元的公司的股票。

现代投资组合理论（Modern portfolio theory（MPT））——该学术内容中主要包括以下概念。第一，市场是有效的，通过交易期望获得高于市场的收益是不可能的。因此积极的管理是达不到预期目标的。第二，在较长的时期里，资产类别所获得的收益率与它们的风险水平相一致。资产类别风险越大，例如小盘股和价值股，将提供更高的收益率来补偿这些更高的风险。第三，资产类别间的分散化提高了收益率并降低了风险。在任何程度的风险下，投资组合都可以获得相应风险下的最高收益率。最后，没有一个投资组合可以适用于每一个投资者，每一位投资者都必须选择风险适当的资产配置。

抵押贷款支持证券（Mortgage-backed security（MBS））——一种收益与房屋抵押贷款（商业的或者住宅的）相关的投资工具。

MPT——参见现代投资组合理论。

MSCI EAFE 指数（Index）——参见 EAFE 指数。

NAIC——全美保险监督官协会。

NASD——全国证券交易商协会。

NASDQ 或 NASDAQ——全美证券交易协会自动报价系统的首写字母。电脑化的证券交易市场，通常也被叫作场外交易市场。

NACDQ 100 指数（Index）——在交易所上市的市值最大的前 100 点股票所构成的指数。

NAV——净资产价值。

负相关性（Negative correlation）——描述了资产间的一种关系，当一种资产倾向于表现出高于平均收益率的时候，另一资产则倾向于表现出低于平均的收益率。反之亦然。

无佣基金（No-load fund）——这类基金对于购买和卖出不收取任何费用。

名义收益率（Nominal returns）——没有受到通胀负面影响调整的收益率。

NYSE——纽约证券交易所。

样本外（Out of sample）——与原始研究不同时期或者不同地理区域的数据。

被动资产类别基金（Passive asset class funds）——这类基金购买并持有某一特定资产类别中所有的证券。基金中某一证券的权重通常与其在该资产类别中的权重相同。每一只证券都一直持有，知道该证券不再属于该资产类别。比如说，一家小市值的公司成长为了大市值的公司，因此不再属于小公司资产类别了。基金经理可以使用常识和调查研究来筛选并剔除他们不想要考虑的证券（以此来尝试提高风险调整后的收益）。然而作为被动投资基金，这些筛选不能够基于任何技术或者基本面的证券分析。被动筛选的例子可以是最低市值，最少运营年限，公司股票做市商的最低数量。

被动管理（Passive management）——购买并持有的投资策略，与积极管理相对。被动管理的特征包括：更低的投资组合换手率、更低的运营费用和交易成本、更高的税务效率、总是保持全额投资，以及长期为出发点。

市盈率（Price-to-earnings（P/E）ratio）——股票价格与收益的比率。高市盈率股票（相较于整体市场）被视为成长股。低市盈率（相较于整体市场）股票被视为价值股。

谨慎投资人原则（Prudent investor rule）——美国法典所规定的，管理他人的资产时，必须要符合投资者的财务状况和风险承受能力。

看跌期权（Put）——指期权的购买者拥有在期权合约有效期内按执行价格卖出一定数量标的物的权利，但不负担必须卖出的义务。

Qubes（QQQ）——一种追踪纳斯达克100指数的交易型开放式指数基金。

房地产投资信托（Real estate investment trust（REIT））——一种像股票一样在主要的交易所交易的证券,主要直接投资于房地产（不动产或房产抵押贷款）。权益型房地产投资信托投资并持有房产。抵押贷款型信托可以将钱作为抵押贷款贷给房产的拥有者,或者购买现有的抵押贷款,也可以购买抵押贷款支持证券。他们的收入主要是来源于抵押贷款的利息。

实际收益率（Real returns）——根据通货膨胀率调整后反映了真实购买力的回报率。

再平衡（Rebalancing）——重置资产组合的资产配置至最初的状态。再平衡可以通过添加新的可投资资金,或者卖出表现最好的资产类别,并用卖出的所得再买进表现不好的资产类别。

注册投资顾问（Registered investment advisor（RIA））——在全国性的（证券交易委员会）或者州立的管理者处注册通过了相关考试投资顾问的公司。RIA并非是认可的专业称号。

零售基金（Retail funds）——这些共同基金被卖给大众,而非机构投资者。

风险溢酬（Risk premium）——因为接受了可能发生的负收益而获得的更高的期望收益率（非确保的）。

ROA——资产回报率。

罗素2000（Russell 2000）——罗素指数中市值最大的3000只股票中最低的那2000只股票。通常被用作小盘股的基准。

标普400指数（S&P 400 Index）——400只中盘股以市值为权重构成的指数。

标准普尔500指数（S&P 500 Index）——500只美国最大市值的股票以

市值为权重所构成的指数，以覆盖最广和最有代表性的行业。

标普600指数（S&P 600 Index）——600只小盘股以位置为权重构成的指数。

SEC——证券交易委员会。

夏普比率（Sharpe ratio）——考虑了风险的情况下（风险被定义为收益率的标准差），衡量收益率高于短期美国国库券收益率的方法。比如说：某一资产的收益率为10%。1个月到期的短期国库券的收益率为4%，资产收益率的标准差是20%。夏普比率因此为10%减去4%（即6%），然后再除以20%，即得到0.3。

卖空（Short selling）——借入证券，并立刻将其卖出，然后期望以后以更低的价格再将证券买回来。

偏度（Skewness）——衡量分布不对称性的方法。负偏度的情况是均值左边的数量少于右边。例如，收益率序列－30%、5%、10%和15%的均值正好是0%。在这组收益率里只有一次低于0%，其余三次都高于0%。但是唯一的这次负收益率其绝对值却远远大于这些正收益率。正偏度的情况是均值右边的数量少于左边，但是距离均值更远（绝对值更大）。正偏度的情况下，均值右边的数量要少于左边，但是绝对值会更大。

Spiders（SPDRs）——复制了不同标普指数的交易型开放式指数基金。

标准差（Standard deviation）——衡量波动性（风险）的方法。比如说，一个投资组合的年回报率为12%，标准差为11%，投资者因此可以期望，在20年中有13年（大概为2/3的时间里），投资组合的回报率会介于均值的正负一个标准差之间，也即是1%（12%－11%）和23%（12%＋11%）之间。而其余1/3的时间里，投资者可以认为收益率会介于1%～23%之外。均值的两个标准差之间（11%×2）涵盖了95%（20年中的19年）的时间。期望的收益率的方位则为－10%（12%－22%）至34%（12%＋22%）。标准差越大，组合的波动率越大。标准差可以用来衡量不同的时间跨度：

例如你可以计算一个时期内月度标准差或者年度标准差。

风格转移（Style drift）——重新组合原始的资产配置偏离，可能的原因是：购买了特定资产类别之外的证券，或者是组合内不同资产类别因为不同的表现而导致配置发生了严重的偏离。

系统性风险（Systematic risk）——不能被分散化的风险。市场必须为投资者承担了系统性风险提供补偿，否者投资者将不愿意承担这些风险。报酬的形式就是风险溢酬，投资风险越高的资产期望回报率也会越高。

战术性资产配置（Tactical asset allocation（TAA））——通过主动调整不同资产类别（组合的资产配置）的风险敞口来尝试跑赢基准。

TIPS——参见通胀保护证券。

跟踪误差（Tracking error）——衡量了基金的表现与相应的指数或者基准之间的差别。一般来说，在评价投资组合表现的时候，跟踪误差衡量了该投资组合与广泛接受的基准（比如标准普尔500指数，或者威尔希尔5000指数）之间的差别。

透明性（Transparency）——证券的定价信息在多大的程度上被公众所知。

通胀保护证券（Treasury inflation－protected security（TIPS））——这类债券的投资者会收到一个固定的收益率，同时也会根据消费者物价指数的变动而增加债券的本金。其固定利率的支付时基于通胀调整过的本金，并会在债券到期日的时候支付给投资者。

换手(Turnover)——基金用新的证券来替换原投资组合中的一些证券的交易行为。假设基金在年初持有1亿美元的各类证券。如果基金卖掉其中的5000万美元的证券，并以5000万新的证券替换进投资组合，那么换手率就为50%。

未报酬的风险（Uncompensated risk）——可以被分散掉的风险（例如拥

有单只的股票，或者单一行业的股票）。因为这些风险可以被分散掉，投资者承担这些风险是不会获得风险溢酬（更高的期望收益率）的，也被称作非系统性风险。

价值股（Value stocks）——低市盈率公司或者高账面市值比公司的股票，与之相对的是成长股。

可变年金（Variable annuity）——一项拥有人寿保险成分的投资产品，直到投资者提取基金的时候才需要缴税。

波动率（Volatility）——金融工具在一段特定的期限里价值变动的标准差，这经常被用来量化投资工具在一个期限内的风险，波动率经常以年为单位表示。

赢家的游戏（Winner's game）——在这样的游戏中获胜的概率非常高，而获胜的奖励是与承担的风险相一致的。

鸣　　谢

从来没有一本书是由一个人完成的（或者对于这本书来讲两个人）。这本书也不例外。我们俩想要感谢白金汉资产管理公司的经纪人以及巴姆顾问服务联盟：谢谢来自于亚当·比伦鲍姆，欧内斯特·克拉克，玛德莱·克瑞汗，鲍勃·格尔曼，艾德·戈德堡，蒙特·利维，史蒂夫·洛里，弗拉基米尔·马赛克，艾尔·希尔斯，伯特·施魏策尔三世，以及布伦达·威特的支持与鼓励。

我们同时还要感谢我们的经纪人山姆·弗莱希曼所做的努力。最后，拉里想要感谢他生命中挚爱的人——他的妻子梦娜，谢谢她对于那些逝去的周末以及许多的夜晚在电脑前熬夜到黎明的支持及理解。她给予了拉里所需要的一切支持，与她共度人生是恩赐的幸福。

RC 想要谢谢他美好的家庭，在这些年里，他们给予了所有的爱和鼓励，甚至要忍受在度假的时候还要在电脑前工作数小时。

作者简介

拉里·斯韦德鲁是"唯一指南"系列和其他一些成功投资指南的畅销书作者。他为哥伦比亚广播公司的 MoneyWatch.com 撰写名为"聪明投资"的博客,并经常在金融讨论会上发言。他也是白金汉财务服务公司(包括白金汉资产管理以及巴姆顾问服务联盟)的委托人和研究部主管。此外,他还曾任职于谨慎房屋贷款公司、花旗公司,以及哥伦比亚广播公司的行政级职务。

RC·巴拉邦是一位前记者,现为媒体专家,任职于白金汉财务服务公司,包括有白金汉资产管理和巴姆顾问服务联盟。